ÉCOLE DES SCIENCES POLITIQUES ET SOCIALES DE LOUVAIN

DU RÉGIME LÉGAL DE L'ENSEIGNEMENT PRIMAIRE EN HOLLANDE

PAR

ROMAIN MOYERSOEN

avocat près la Cour d'appel de Bruxelles.

BELGIQUE

ENGELCKE, *Éditeur*

20, rue des Foulons

GAND.

FRANCE

LAROSE, *Éditeur*

22, rue Soufflot

PARIS.

1895

DU

RÉGIME LÉGAL

DE

L'ENSEIGNEMENT PRIMAIRE

EN

HOLLANDE

EN LIBRAIRIE

GEORGES LEGRAND. *L'Impôt sur le Capital et le Revenu en Prusse,* réforme de 1891-1893, in-12 de 104 pages. Bruxelles, 1894.

ALFRED NERINCX. *Du Régime légal de l'Enseignement primaire en Angleterre,* in-8° de 272 pages. Bruxelles, 1895.

SOUS PRESSE

CHARLES GENART. *Les Syndicats industriels.*

AUGUSTE MÉLOT. *Des Impôts sur les valeurs mobilières en France.*

Des presses de J. GOEMAERE, imp. du Roi,
21, rue de la Limite, à Bruxelles.
Achevé d'imprimer le 11 mai 1895.

ÉCOLE DES SCIENCES POLITIQUES ET SOCIALES DE LOUVAIN

DU RÉGIME LÉGAL DE L'ENSEIGNEMENT PRIMAIRE EN HOLLANDE

PAR

ROMAIN MOYERSOEN
avocat près la Cour d'appel de Bruxelles.

BELGIQUE
ENGELCKE, *Éditeur*
26, rue des Foulons
GAND.

FRANCE
LAROSE, *Éditeur*
22, rue Soufflot
PARIS.

1898

TABLE DES MATIÈRES

AVANT-PROPOS.

Retracer les grandes lignes du régime d'enseignement primaire suivi en Hollande, montrer la place qu'y occupent les écoles dues à l'initiative privée à côté des établissements officiels, rapprocher les faits de la loi de manière à encadrer la législation dans la pratique, tel a été le but de cette modeste étude.

Nous l'avons travaillée et écrite en nous efforçant de conserver la plus entière objectivité.

Nous devons les plus sincères remerciements et le témoignage d'une profonde gratitude à tous ceux qui ont bien voulu nous aider de leurs conseils ou de leurs renseignements, et, en particulier, à MM. le docteur Schaepman, le baron A. E. Mackay, de Beauffort, le notaire Borret, membres de la deuxième Chambre des États-Généraux de Hollande, ainsi qu'à M. Van den Biesen, avocat à Amsterdam, à M. l'inspecteur d'arrondissement Sterck et à M. Huber, référendaire auprès du Ministère de l'Intérieur.

ROMAIN MOYERSOEN.

Alost, le 8 mai 1895.

INTRODUCTION

§ 1er. — La législation scolaire de 1801 à 1889.

La Hollande n'eut pas d'enseignement public national avant la révolution de 1795. Les intérêts de l'instruction étaient confiés aux administrations provinciales qui s'en déchargeaient volontiers sur les villes et les communes ou sur quelque personne notable. Les écoles étaient confessionnelles; elles étaient soumises au contrôle des consistoires protestants. Les catholiques ne pouvaient enseigner, ni ouvrir une école particulière.

La première loi organique date de 1801. Elle laissait aux communes l'organisation de l'enseignement, mais réservait l'inspection au pouvoir central.

Les instituteurs devaient satisfaire à des conditions de capacité. L'école devenait neutre. L'instituteur devait éviter de porter atteinte au respect dû à l'Être Suprême, mais il ne pouvait s'occuper de questions dogmatiques. On réservait aux enfants deux demis jours de congé par semaine, pour qu'ils pussent recevoir l'instruction religieuse dans leur Église particulière.

Cette loi fut de courte durée. Elle fut remplacée par une loi beaucoup plus centralisatrice, la loi de 1806 qui resta en vigueur jusqu'en 1857 [1]. Elle fut conservée sous l'empire des lois fondamentales et des lois constitutionnelles du 23 mars 1814 et du 24 août 1815.

L'article 226 de la loi fondamentale de 1815 se bornait à affirmer le devoir pour le Gouvernement de veiller à l'application de la loi et de soumettre son administration au contrôle du Parlement.

« Art. 226. L'instruction publique est un objet constant des » soins du gouvernement. Le roi fait rendre compte tous les » ans aux États-Généraux, de l'état des écoles supérieures, » moyennes et inférieures ».

Le régime scolaire de la loi de 1806 ne laissait guère de place à la liberté.

Il consacrait le droit absolu de l'État d'ériger des écoles primaires et ne permettait aux communes d'en établir que sous la direction et le contrôle du Gouvernement.

La liberté d'enseignement n'existait pas. Aucune école ne pouvait être érigée sans l'autorisation expresse de l'autorité gouvernementale, provinciale ou communale. Tous les établissements d'éducation populaire tombaient, d'après l'interprétation administrative, sous

(1) Elle fut présentée par le Grand Pensionnaire le 19 novembre 1805, adoptée en février 1806 et promulguée le 3 avril suivant. Elle devait entrer en vigueur le 1er juillet; la République Batave se trouva alors tranformée en monarchie; Louis Bonaparte ratifia la loi et rendit les arrêtés nécessaires à son exécution.

l'application de la loi. Il suffisait qu'une école reçût un subside quelconque de l'État, de la province, de la commune ou même d'une administration, soit charitable, soit d'église, pour qu'elle fût considérée comme école publique.

Le diplôme de capacité délivré par la Commission provinciale de l'instruction primaire était obligatoire (1). Les instituteurs des écoles privées devaient le posséder aussi bien que ceux des écoles publiques. Il n'était pas permis de donner l'instruction à domicile ou d'entrer comme précepteur dans une famille sans en être muni. La loi exigeait aussi un triple certificat de moralité délivré par le bourgmestre, par l'ecclésiastique de la paroisse à laquelle appartenait le candidat et par deux pères de famille. Ce système de certificat tomba vite en désuétude; un arrêté de 1821 (Instr. du 20 mai, art. 73) en recommanda de nouveau, mais vainement, l'usage.

« L'inspection était admirablement organisée. Chaque province était divisée en un certain nombre de » districts à la tête desquels se trouvait un inspecteur. Tous les inspecteurs de la province se réunissaient trois fois par an pour former la Commission » provinciale de l'instruction primaire, chargée d'examiner les rapports sur la situation des écoles et de » délivrer des certificats de capacité aux instituteurs.

(1) L'admission générale conférait le droit de donner l'instruction, mais il fallait l'admission spéciale, c'est-à-dire, la nomination dans une école déterminée, pour pouvoir enseigner. (Steyn-Parvé).

» Une fois chaque année les commissions provin-
» ciales envoyaient à La Haye un délégué, et ces
» délégués, en présence du Ministre, ou sous la pré-
» sidence de l'Inspecteur général [1], s'occupaient des
» améliorations à introduire dans le système de l'en-
» seignement [2]. »

L'école publique était neutre, en ce sens que les enfants de confessions différentes pouvaient s'y trouver réunis, sans que leurs convictions religieuses fussent blessées par l'enseignement d'une autre religion. Cette neutralité n'était ni athéisme, ni indifférentisme, car « l'enseignement devait être organisé de façon que l'étude des connaissances convenables et utiles fût accompagnée du développement des facultés intellectuelles et que les élèves fussent préparés à l'exercice de toutes les vertus chrétiennes et sociales. » (Art. 22 du règlement annexé à la loi.)

L'instituteur pouvait et devait enseigner ces principes généraux du christianisme dont toute la civilisation moderne est comme imprégnée. Mais à cet enseignement se bornait son action, car s'il devait éviter avec le plus grand soin tout ce qui pouvait être de nature à détruire la bonne morale et le res-

[1] Sans l'inspecteur, on ne peut arriver à être instituteur public ni même privé; sans lui encore, nul instituteur public ou privé ne peut se soutenir, ou avoir de l'avancement, ou obtenir quelque récompense; car nulle commission ne peut rien sans lui, et il est ou le président ou le membre influent de chacune d'elles. Il dirige toute l'instruction primaire dans son district particulier. (Victor Cousin.)

[2] de Laveleye, *L'Instruction du peuple.*

pect dû à la Providence, il devait éviter aussi de s'occuper des questions dogmatiques que les diverses confessions religieuses interprètent d'une manière divergente. Mais on prit des mesures pour que les enfants ne fussent point privés de cette partie de l'enseignement; les prêtres et les pasteurs des diverses communions furent invités à se charger de ce soin en dehors des heures de classe. Remarquons enfin qu'on récitait une prière chrétienne à l'issue de chaque classe. (Art. 6.)

On fit bon accueil à la loi qui, dans les commencements et surtout sous le règne de Louis Bonaparte, fut appliquée avec équité. Mais elle devint un objet de critiques amères, lorsque le Gouvernement se mit à entraver l'érection d'écoles privées confessionnelles. Ces plaintes étaient d'autant plus motivées que l'interdiction de donner un enseignement dogmatique dans les écoles publiques n'était pas toujours respectée, malgré les protestations des populations catholiques.

En Belgique, de 1815 à 1830, ce monopole en matière d'enseignement souleva les réclamations les plus vives, et les griefs formulés contre l'application si peu libérale de la loi ne furent pas une des moindres causes de la Révolution. Ce fut en vain que le Gouvernement essaya de calmer l'irritation déjà menaçante par le dépôt d'un projet de loi, le 26 novembre 1829 : on trouva ses propositions insuffisantes. L'article 5 permettait aux particuliers d'ouvrir des écoles privées, sauf l'opposition que l'administration communale était en droit d'y faire, s'il existait plusieurs écoles dans la commune. Ce projet échoua dans les sections de la seconde Chambre des États-Généraux et fut retiré le 27 mai 1830.

Le même jour, un arrêté royal vint diminuer les obstacles qui s'opposaient à la fondation d'écoles libres. Mais comme il ne faisait que diminuer les difficultés sans les supprimer, il ne contenta aucun parti.

A ce moment la Belgique affirme son indépendance. Elle se donne une nouvelle constitution et y inscrit en termes formels que l'enseignement est libre et qu'on ne peut prendre à son égard aucune mesure préventive.

Cet exemple ne fut par sans quelque influence sur la conduite du gouvernement et du peuple hollandais.

On tâcha, il est vrai, pas un nouvel arrêté en date du 2 janvier 1842, de donner une influence plus considérable aux idées religieuses. Ainsi, les ministres du culte devinrent membres des commissions d'inspection et obtinrent un droit de censure sur les livres classiques. On tint compte dans les nominations d'instituteurs du culte professé par les candidats en ce sens que dans les communes qui ne possédaient qu'une seule école publique, on nomma de préférence les instituteurs qui professaient le culte de la majorité des habitants, s'ils offraient les mêmes aptitudes que leurs concurrents.

Mais ces réformes ne purent satisfaire l'opinion publique.

Lors de la revision constitutionnelle de 1848 la question de l'enseignement devint un des principaux objets de discussion.

Les catholiques s'allièrent aux libéraux pour faire triompher l'œuvre de la revision; ils obtinrent la liberté de l'enseignement comme prix de leur concours.

La constitution nouvelle déclara dans son article 194 :

Art. 194. « L'enseignement public est l'objet de la constante » sollicitude du gouvernement.

« L'organisation de l'instruction publique est réglée par la » loi, en respectant les opinions religieuses de chacun.

« Partout dans le royaume il sera donné, par les soins de » l'autorité, un enseignement primaire public suffisant.

« L'enseignement est libre, sauf la surveillance de l'autorité, » et, — en ce qui concerne l'enseignement secondaire et pri- » maire, — l'examen de la capacité et de la moralité des insti- » tuteurs; le tout à régler par la loi.

« Le roi fait présenter annuellement aux États-Généraux un » rapport détaillé sur la situation des écoles supérieures, » moyennes et primaires ».

Un article additionnel indiquait la nécessité de reviser dans le plus bref délai possible la loi sur l'enseignement primaire.

Le ministre de Kempenaer venait de présenter un projet en ce sens en 1849, lorsqu'il perdit le pouvoir.

M. de Thorbecke, son successeur, commença par faire voter d'autres lois organiques importantes. Il allait présenter un projet de loi sur l'enseignement lorsqu'il fut renversé par une coalition de conservateurs et d'antirévolutionnaires qui suscitèrent une tempête contre lui à l'occasion de l'érection des évêchés dans les Pays-Bas.

Les conservateurs, à peine arrivés au pouvoir,

évincèrent à leur tour les antirévolutionnaires qui avaient été les principaux fauteurs du mouvement hostile à l'Eglise. Vers la fin de 1855, M. Van Hall déposa un nouveau projet qui en matière d'enseignement religieux reproduisait à peu près les termes de la loi de 1806. Le rapport de la Chambre fut assez favorable et le projet eût sans doute été voté si le parti antirévolutionnaire, sous la conduite de M. Groen van Prinsterer, n'avait réussi à soulever l'opinion publique et à provoquer dans le pays une telle agitation que le ministère crut devoir offrir sa démission.

Le parti de M. Groen réclamait l'enseignement religieux à la base de l'instruction donnée dans les écoles publiques qu'il voulait séparées pour les diverses confessions religieuses afin que le dogme puisse faire partie inhérente de l'enseignement. (*Gesplitste scholen als regel, gemengde enkel als uitzondering* (1).

Il s'élevait surtout vivement contre l'enseignement neutre avec une légère teinte religieuse professé par le Gouvernement. Il lui préférait presque un enseignement absolument athée dont le caractère n'eût pu être supporté longtemps par le peuple.

Un nouveau cabinet se constitua dans lequel entrèrent quelques membres du parti antirévolutionnaire. Le 27 février 1857, le Ministre de l'Intérieur, M. Van Rappard, déposa un nouveau projet qui ne tint compte que dans une mesure bien restreinte des revendications de ce parti. Il reprenait les mêmes

(1) Groen Van Prinsterer : *Brieven.*

principes en matière d'instruction religieuse, presque dans les mêmes termes.

Art. 23. « L'enseignement scolaire en fournissant les con-
» naissances nécessaires et utiles, doit servir à développer les
» facultés intellectuelles des enfants et à les préparer à l'exer-
» cice de toutes les vertus chrétiennes et sociales.

» L'instituteur doit s'abstenir d'enseigner, de faire ou de
» laisser faire quoi que ce soit qui puisse être contraire aux
» opinions religieuses de ceux qui professent un autre culte
» que le sien.

» L'instruction religieuse est abandonnée aux communautés
» religieuses.

» Les locaux des écoles publiques pourront en dehors des
» heures scolaires régulières être mis à leur disposition pour
» les élèves qui fréquentent l'école ».

Mais il y ajoutait un article nouveau d'une grande importance.

Art. 21. « Dans les cas où les scrupules des parents feraient
» obstacle à la fréquentation de l'école publique par leurs en-
» fants, le gouvernement peut accorder une subvention au
» profit d'une école libre, s'il appert après un examen
» rigoureux que la fondation d'une pareille école peut les
» satisfaire.

» Toutefois, une subvention de cette nature ne peut être
» accordée que par une loi. »

Le parti antirévolutionnaire s'opposa de toutes ses forces à ce projet, même la faculté que le Gouvernement proposait d'accorder à l'État de subventionner des écoles libres ne trouvait pas grâce à ses yeux.

Le projet Van Rappard fut néanmoins voté par 47 voix contre 13, sauf l'article 21 contre lequel se prononça une grande majorité. Il devint la loi du 13 août 1857.

L'échec de l'article 21 n'enleva pas aux communes le droit de subsidier les écoles privées, mais, dans ce cas, elles devaient être neutres.

Art. 3. « Ces écoles deviennent accessibles à tous les élèves » sans distinction de confession religieuse, et elles sont sou- » mises au 1er et au 2me alinéa de l'article 23 relatifs au but » religieux et moral de l'école ».

Les autorités communales jouent un rôle prépondérant sous la législation de 1857. Elles fixent le nombre des écoles et décident s'il sera accordé des subsides aux écoles privées. La nomination, la suspension, la révocation des instituteurs leur appartiennent.

A elles aussi de fixer le montant de leurs traitements. Elles leur délivrent les certificats de moralité dont ils ont besoin pour pouvoir enseigner. Mais, à côté de ces droits, il y a des charges et elles sont lourdes : les communes doivent supporter les dépenses de l'enseignement.

Art. 33. « Pour y subvenir aux frais, il pourra être exigé de » chaque élève une rétribution. Les pauvres assistés et ceux » qui, bien que non assistés, sont impuissants à payer la rétri- » bution scolaire, en sont dispensés ».

L'État et la Province peuvent subsidier les communes dont les dépenses scolaires sont trop élevées. En principe, ils n'y sont pas obligés.

L'État n'est tenu qu'au service des pensions payées aux instituteurs des écoles publiques âgés de soixante-cinq ans et ayant quarante années de service, ou qui après dix ans sont contraints par suite d'infirmités d'abandonner leurs fonctions.

Beaucoup de catholiques votèrent la loi et se montrèrent dans les premiers temps assez satisfaits de son application. C'est qu'en fait, dans les provinces méridionales catholiques, l'école publique était souvent confessionnelle. Les administrations catholiques de ces provinces ne nommaient que des instituteurs qui partageaient leurs convictions religieuses. Mais les protestants orthodoxes hostiles à la loi dès son début et les catholiques des provinces septentrionales eurent bientôt de multiples objections à formuler contre elle. Ils lui reprochaient de rendre aux écoles libres la concurrence impossible contre les écoles officielles. Celles-ci étaient généralement subventionnées au moyen d'impôts communaux, par conséquent, soutenues par ceux-là aussi qui n'en profitaient pas et qui devaient, à eux seuls, élever et soutenir les écoles confessionnelles dont ils voulaient faire usage.

Ce qui donnait plus de fondement encore à leurs plaintes, c'était l'abus que faisaient certaines communes de leur droit de rendre l'école officielle gratuite même pour les enfants non indigents. Il en résultait une augmentation de charges qui semblait plus lourde, parce qu'on la savait non justifiée, et plus odieuse, parce qu'elle contribuait à l'écrasement des écoles libres.

Lors de l'entrée en vigueur de la loi de 1857, il existait 3.473 écoles, dont 2.516 publiques et 957 privées; parmi ces dernières, 25 seulement étaient subsidiées par les communes.

En 1878, le nombre des écoles était de 3.826, dont 2.731 publiques et 1.095 privées; 120 de celles-ci étaient subsidiées par les communes.

Dès 1867, les protestants orthodoxes déposèrent un projet de loi modifiant la législation de 1837 en ce qu'elle renfermait de défectueux pour l'enseignement privé; les événements politiques les empêchèrent d'aboutir. Une proposition présentée l'année suivante par le ministre Heemskerk pour empêcher les communes d'abuser de la gratuité eut le même insuccès.

Aux plaintes des catholiques et des protestants orthodoxes se joignirent bientôt les doléances des libéraux eux-mêmes. La loi de 1857 ne produisait plus tout le bien qu'ils en avaient espéré; ils réclamèrent une plus grande contribution de l'État dans les dépenses scolaires, plus de garanties contre le mauvais vouloir de certaines communes et une amélioration des locaux d'écoles. Ils demandèrent aussi des mesures légales propres à assurer la fréquentation de l'école.

Signalons encore une proposition du leader calviniste, M. Kuyper, basée sur le *système de restitution*, qui partagea l'insuccès des propositions précédentes.

Elle tendait à faire restituer par l'État, à titre d'indemnité, aux personnes qui supportaient les dépenses d'une école libre, une somme dont le montant dépendrait du nombre d'élèves fréquentant cette école et du chiffre moyen des dépenses de l'instruction publique dans la commune.

La loi du 17 août 1878 vint enfin réformer la législation de 1857, mais elle souleva la plus vive opposition de la part des partisans de l'école libre.

L'enseignement public resta neutre comme sous les lois antérieures. Le dogme en était absolument exclu. Ce fut en vain que les partis religieux présentèrent un amendement qui autorisait les communes à subsidier les écoles confessionnelles.

Ces partis manifestèrent surtout une grande opposition à l'égard de l'article 4. Cet article était nouveau : il autorisait le Roi à déterminer dans quelle mesure les locaux des écoles primaires privées seraient soumis aux règles établies pour la construction, l'installation et la salubrité des écoles publiques. Il lui conférait par là un pouvoir qui prêtait d'autant plus à l'arbitraire qu'il semblait inutile. Les intérêts de la salubrité publique étaient sauvegardés d'une façon suffisante par l'article 5.

Art. 5. « Il ne sera pas donné d'enseignement scolaire » primaire dans les locaux qui auraient été déclarés insalubres » par l'inspecteur du contrôle médical de l'État ».

L'article 46 autorisait de nouveau les communes à décréter la gratuité absolue de l'enseignement ; les abus furent nombreux. En Frise, dès que dans une commune s'établissait une école privée, l'administration communale s'empressait de rendre l'enseignement public gratuit.

La commune resta, comme sous la loi de 1857, le pouvoir souverain en matière d'enseignement.

Art. 43. « Chaque commune pourvoit aux dépenses de son » enseignement primaire, aussi longtemps qu'elles ne tombent » pas à charge d'autrui ou qu'elles ne sont pas couvertes » d'une autre façon ».

Art. 45. « L'État bonifie chaque année à la commune » 30 p. c. du montant de ses dépenses ».

Cette charge nouvelle fut excessivement lourde. L'État avait dépensé sous la législation de 1857, soit en l'espace de vingt-trois ans, quinze millions de florins pour l'enseignement; en quatre ans, sous la nouvelle législation, de 1880 à 1884, il dépensa plus de vingt-cinq millions. Malgré ces énormes subsides, le budget des communes fut d'année en année plus fortement grevé. Les règlements, rendus pour l'application de la loi, en obligèrent beaucoup à construire de nouvelles écoles. D'autre part, la loi défendant d'employer encore des élèves-instituteurs, elles durent nommer un grand nombre de nouveaux instituteurs dont le traitement était nécessairement plus élevé.

Aussi, loin de terminer la lutte scolaire, la loi de 1878 la poussa-t-elle davantage aux extrêmes, parce qu'elle rendait plus difficile la situation des écoles privées. Elle finit même par déplaire aux libéraux, qui, cette fois, trouvèrent trop lourdes les charges dont elle grevait l'État.

L'article 4, qui permettait au Roi d'appliquer aux écoles libres les règlements sur la construction et l'aménagement des écoles publiques, fut revisé en 1882. Le Souverain ne conserva ce pouvoir que sur les écoles libres subsidiées par les communes, écoles nécessairement neutres dont le nombre était fort restreint, environ 150.

Enfin, la loi du 11 juillet 1884 soulagea le budget des communes et celui de l'État en diminuant le nombre d'instituteurs dont la présence était obligatoire dans les écoles publiques.

Elle supprima aussi la part contributive de l'État,

30 p. c., dans les frais d'entretien des locaux et du mobilier scolaire que la loi de 1878 avait octroyée aux communes.

Cependant l'idée se répandit surtout parmi les antirévolutionnaires que l'article 194 de la Constitution ne constituait plus une sauvegarde suffisante contre un Gouvernement hostile à l'enseignement privé et qu'une revision constitutionnelle était nécessaire. La question scolaire était devenue brûlante; nulle autre n'agitait davantage les esprits.

Aussi, dès que le ministre Heemskerk eut posé, en 1883, la question de revision constitutionnelle par la nomination d'une commission de seize membres, chargée d'examiner quelles dispositions de la loi fondamentale il serait utile et opportun de reviser, la droite de la Chambre, composée de catholiques et d'antirévolutionnaires, fit dépendre son attitude de la revision de l'article 194. Mais la commission ne put se mettre d'accord sur le texte à lui substituer et, le 18 mars 1885, le Gouvernement déposa ses projets de revision, sans y comprendre l'article sur l'enseignement [1]. La désillusion fut grande, mais, sur la menace de la droite de refuser sa collaboration à l'œuvre revisionniste, le Gouvernement se ravisa et

[1] Le message royal du 18 mars 1885, soumit à la seconde Chambre douze projets de loi, avec des exposés de motifs, proposant de prendre en considération la modification de la loi fondamentale dans neuf chapitres, et dans des articles additionnels. Parmi les chapitres les plus importants, citons ceux relatifs à la loi électorale, à la composition de la Chambre, au régime communal, etc.

déposa, le 1er novembre, un projet complémentaire.

Ce projet portait la modification suivante pour les deuxième et troisième alinéas de l'article 194.

« L'organisation de l'instruction publique est réglée par la » loi.

» Les écoles publiques sont accessibles aux élèves de tous les » cultes religieux, sans distinction.

» Dans chaque commune, l'enseignement public sera donné » de manière à satisfaire aux besoins de la population. Cet » enseignement est donné par les soins de l'autorité publique » dans les écoles publiques, pour autant qu'il n'y est pas » pourvu d'une autre façon ; dans les écoles publiques, l'ensei- » gnement est donné gratuitement aux indigents. »

Le Gouvernement ajouta plus tard les mots :

« Aux autres, moyennant le paiement d'un écolage équitable ».

La droite, de son côté, déposa un projet : il rendait la rétribution scolaire obligatoire, sauf pour les indigents, et autorisait l'État à accorder des subsides aux écoles privées confessionnelles.

Quant au projet soi-disant de conciliation, que présenta la gauche, on trouva qu'il n'empêchait aucun des abus existants.

La discussion était à peine commencée que le Gouvernement se rallia à un amendement des libéraux qui supprimait l'obligation de percevoir la rétribution scolaire. Ce retrait causa l'échec, non seulement du projet de revision de l'article 194, mais aussi de toutes les autres propositions revisionnistes. Le ministère tomba.

Après de nouvelles élections, les libéraux revinrent

plus puissants et M. Heemskerk reprit le pouvoir. La gauche comptait 47 membres dans la seconde Chambre, la droite 39 seulement. Son *non possumus* lui avait été fatal.

Le Gouvernement déposa de nouveaux projets sans s'occuper davantage de l'article 194. Le docteur Schaepman, usant de son initiative parlementaire, déposa une proposition de revision qui souleva de nombreuses discussions sur l'obligation de l'État de soutenir les écoles libres au même degré que les écoles publiques.

Voici la teneur de ce projet :

« L'enseignement est libre.

» La loi établit des règlements sur l'inspection en général, » sur l'organisation de l'enseignement public, sur l'obligation » pour les instituteurs d'enseignement primaire et moyen de » fournir des preuves de capacité et de moralité.

» L'enseignement primaire public est organisé de telle sorte » que les parents, tuteurs ou autres personnes chargées de » veiller à l'éducation d'enfants, puissent trouver l'occasion » de leur fournir un enseignement primaire suffisant sans » froisser leurs convictions religieuses.

» Les frais de l'enseignement primaire donné aux indigents » ou à ceux qui, bien que non indigents, ne peuvent payer de » rétribution scolaire, sont retournés par l'État, suivant un » tarif à fixer, aux écoles primaires fréquentées par ces » enfants.

» Le Roi fait chaque année rapport aux États-Généraux de » l'état des écoles d'enseignement supérieur, moyen et pri- » maire » (¹).

Le paragraphe 4 était important ; les discussions

(¹) Artzenius. 8ste deel LXXVIII.

qu'il souleva furent des plus animées. C'est que le docteur Schaepman ne supprimait pas seulement les entraves que certains prétendaient trouver dans la Constitution pour refuser des subsides aux écoles libres confessionnelles; il allait plus loin, il conférait en principe à ces écoles, dans un texte constitutionnel, le droit d'en recevoir.

« Nous souhaitons » disait-il (¹) « que l'État donne un droit » égal à tous les citoyens et qu'il protège et celui qui se contente » de l'enseignement neutre et celui qui le trouve insuffisant.

» Actuellement, ceux qui sont satisfaits du premier jouissent » seuls de la protection de l'État; les autres sont simplement » libres de donner à leurs enfants l'enseignement confessionnel, » pourvu que leurs instituteurs aient un diplôme et se sou» mettent à l'inspection gouvernementale.

» L'égalité exige que la caisse de l'État qui s'ouvre pour » l'école neutre, s'ouvre en même temps pour l'école confes» sionnelle. Celle-ci ne peut être notée d'infamie et on ne peut » lui refuser impitoyablement les secours de l'État.

» La Chambre, » disait-il en terminant, » ne peut mettre » fin à la lutte scolaire; elle est la conséquence de la façon » différente dont les partis envisagent la vie. Mais elle peut » assurer à tous un droit égal et une même liberté.

» Elle peut faire, au moins, que la Constitution hollandaise, » la Constitution de tout le peuple, ne puisse être employée » par un seul parti comme un moyen de refuser aux autres la » plénitude de leur droit, et c'est ce qui se passe actuellement. » Lorsque nous demandons quelque chose, la gauche nous » répond qu'elle serait heureuse de nous l'accorder, mais que » la Constitution le défend. La Constitution doit au moins nous » laisser pleine liberté ».

Le projet Schaepman, amendé par la suppression

(¹) Séances des 31 mai et 1er juin 1887.

des paragraphes 3 et 4, obtint l'appui de sept membres de la gauche et fut voté par la seconde Chambre.

Ce vote agita fort la partie libérale du pays. Une scission était imminente dans ce parti, lorsque le projet échoua à la première Chambre, où toute la gauche, moins une voix, vota contre lui.

La nouvelle Constitution fut publiée le 30 novembre 1887. Son chapitre sur l'enseignement restait le même que celui de la loi fondamentale de 1848, puisqu'on n'avait pu tomber d'accord sur les modifications proposées.

Mais il faudrait se garder de croire que, dans l'esprit de l'article 194 (qui est devenu aujourd'hui l'article 192), il y ait une défense virtuelle d'accorder des subsides à l'enseignement libre. Le ministre Heemskerk déclara lui-même qu'à son avis rien ne s'opposait à une loi distributive de subsides aux écoles privées.

On peut dire que ce fut sous l'empire de ces affirmations interprétatives qu'on crut pouvoir repousser toute modification au chapitre de l'enseignement.

La majorité disait qu'il n'était pas interdit au législateur ordinaire d'entrer dans la voie des allocations aux écoles confessionnelles, mais elle ne voulait pas que cette faculté fût dès lors transformée en une obligation constitutionnelle qui liât pour un long terme la liberté du Parlement.

Peu après eurent lieu de nouvelles élections: c'était en mars 1888. Catholiques et calvinistes se coalisèrent en vue des élections, comme ils surent ensuite se grouper pour soutenir un ministère de coalition, malgré la différence de leurs programmes ; ils avaient, en effet, un point de commun considéré par eux comme le plus important du moment présent : la question scolaire.

Le parti libéral perdit le pouvoir.

§ 2. — De la loi de 1889.

Au lendemain des élections de 1888, un Ministère de droite, avec le baron A. E. Mackay, antirévolutionnaire, comme chef du Cabinet et ministre de l'Intérieur, avait pris les rênes du Gouvernement. Son premier soin fut d'annoncer une revision de la loi scolaire. Nous avons vu que les orthodoxes et les catholiques avaient longtemps combattu pour la reconnaissance des droits de l'école privée. Ils trouvaient l'occasion d'appliquer leurs principes.

Deux idées capitales dominent la loi du 8 décembre 1889 :

Le droit pour les écoles privées confessionnelles de recevoir des subsides ;

L'obligation imposée aux écoles publiques de percevoir une rétribution scolaire.

Le Gouvernement proposa d'accorder aux écoles privées, pour chacun de leurs instituteurs, une subvention égale à celle qu'il octroyait aux communes pour les instituteurs des écoles publiques.

Depuis que la Constitution de 1848 avait reconnu la liberté de l'enseignement, les écoles privées avaient pris un tel développement que plus de 27 p. c. des enfants les fréquentaient. C'était un fait dont le législateur avait à tenir compte. Il prouvait la vivacité des croyances religieuses en Hollande, puisque ces écoles étaient l'œuvre de ceux qu'un enseignement neutre ne pouvait contenter.

Ce même fait démontrait aussi l'extrême importance que les parents attachaient à l'instruction de leurs enfants, puisque, catholiques et protestants orthodoxes, tous avaient fait des sacrifices considérables pour leur donner celle qu'ils croyaient la meilleure.

L'enseignement libre, parvenu à un tel développement, grâce à l'initiative privée, méritait, aux yeux de l'opinion publique, l'appui du Gouvernement. L'État est directement intéressé au progrès de l'enseignement populaire; il ne peut donc combattre l'enseignement privé, la meilleure de ses formes, puisqu'elle est l'émanation directe du désir et de la volonté des parents.

Les partisans de l'enseignement libre justifiaient d'ailleurs encore l'octroi de ces subsides par un autre argument; ils disaient que puisque l'État s'était reconnu le droit d'imposer certaines conditions aux écoles privées, notamment en ce qui concernait les instituteurs, il était juste qu'il leur accordât aussi certaines faveurs.

La solution la plus conforme aux principes du parti antirévolutionnaire eût été de faire supporter les frais de l'enseignement public par ceux qui en jouissent. C'était celle que le grand apôtre du parti, M. Groen van Prinsterer, avait défendue en 1857. Mais en 1889 son application n'était plus chose possible. L'État avait dû créer et soutenir un enseignement officiel; il avait même cherché à faire concurrence aux écoles confessionnelles et à les placer dans une situation d'injuste infériorité. Il renonçait à la lutte et songeait à profiter à titre égal de tous les efforts.

La solution proposée par le baron A. E. Mackay fut admise non sans difficultés. Ce n'est pas que la constitutionnalité de la loi fût mise en doute. Tous les partis tombèrent d'accord pour reconnaître, — ainsi qu'on l'avait déjà fait observer lors de la revision de 1887, — qu'en 1848, lors du vote de l'article 194, rien n'avait été dit qui pût la faire taxer d'inconstitutionnalité. En vérité, la question n'avait pas été soulevée. Conférer des subsides aux écoles privées pouvait être *præter legem*, ce n'était certes pas *contra legem*. Les partisans de l'école privée s'étaient contentés de demander la liberté, personne n'avait songé à une solution plus large.

Mais était-il juste et opportun d'inscrire un droit aux subsides dans la législation? La gauche n'admettait pas que l'école privée eût le droit de vivre sur le pied d'une complète égalité avec l'école publique. La droite ne demandait pas d'ailleurs qu'on se montrât aussi large : elle faisait appel à l'équité pour obtenir une solution de conciliation.

Pour elle, comme le déclarait le baron A. E. Mackay, l'instruction était une charge des parents, charge dont l'État par ses écoles neutres avait voulu faciliter l'accomplissement. Mais, puisque ces établissements ne convenaient pas à chacun, il était nécessaire que le Gouvernement aidât aussi ceux qui ne pouvaient s'en contenter et qui préféraient l'école confessionnelle. Il n'y avait aucun motif pour refuser toute assistance à une école libre bien organisée, alors qu'on multipliait les subsides pour l'école publique.

Le second grand principe qui domine et caractérise la loi de 1889, c'est l'obligation que le législateur impose aux écoles publiques de percevoir une rétribution scolaire de ceux qui ne sont point indigents. Aujourd'hui que certaines personnes réclament hautement l'école gratuite, il est peut-être bon de mettre en relief les raisons de cette défense, exprimée par l'article 46 de la loi et qui donna lieu à de nombreuses controverses.

« Théoriquement et à première vue, dit le docteur Schaepman, il semble que la question de la gratuité doive, sans la la moindre hésitation, être tranchée d'une manière affirmative. Un enseignement gratuit, un enseignement payé tout entier par les caisses de l'État, semble non seulement être le meilleur, mais paraît être aussi le moyen de favoriser la fréquentation des écoles à tous les degrés de la société. Les riches priseront un tel enseignement autant que s'ils le payaient de leur poche. Les pauvres voudront en jouir davantage, lorsqu'ils le verront également abordable pour tous. La gratuité ouvre l'école à tous, toujours et partout.

» Le langage de la pratique est bien différent; des faits de chaque jour prouvent que l'on doit en cette matière tenir compte du caractère et des mœurs du peuple. Enseignement gratuit : ce sont là des mots sonnants; mais leur impression est bien faible sur un peuple qui calcule et qui estime les choses d'après les écus qu'elles lui coûtent (1).

(1) Kosteloos onderwijs is een zeer fraaie leuze, maar de

» Certes, l'instruction doit être gratuite pour les indigents; » qui le conteste? Mais pour les personnes peu aisées la » rétribution est un excellent aiguillon. Elle les fait veiller » davantage sur l'instruction de leurs enfants; elle produit » même souvent un excellent effet sur les riches ».

Signalons d'autres motifs invoqués encore pour et contre l'obligation d'une rétribution scolaire. Ses partisans disaient que l'équité exige que ceux qui se trouvent les premiers intéressés à l'organisation de l'enseignement, parce que leurs enfants ou ceux confiés à leurs soins fréquentent les écoles, doivent les premiers en supporter les frais; que cette obligation ne peut nuire à l'instruction populaire, puisque les indigents et même les personnes peu aisées peuvent en être dispensées pour tout ou pour partie.

Un autre argument qu'ils invoquaient fréquemment était la nécessité de terminer le conflit scolaire, en mettant les écoles privées sur le même pied que les écoles publiques. Sans rétribution obligatoire pour ces dernières, il était impossible aux écoles privées de soutenir contre elles une honnête concurrence.

On objectait, il est vrai, que c'était mettre l'école publique dans une position défavorable, puisqu'on exigeait d'elle seule une rétribution, tandis que les écoles privées pouvaient être gratuites et enlever ainsi des enfants à l'école officielle. Mais c'était là chose peu à craindre, car ces écoles doivent généralement pré-

leuze werkt niet zeer machtig op een volk, dat op de dubbeltjes past en dat de dingen waardeert naar de dubbeltjes die het hiervoor moet bijpassen.

lever une rétribution scolaire pour couvrir leurs frais. Le Gouvernement possède au surplus le moyen de prévenir les abus, puisque l'article 46 en son paragraphe 3 stipule que :

« La Reine peut, par avis motivé, le Conseil d'État entendu, » exempter une commune de l'obligation de percevoir une » rétribution scolaire. Elle peut retirer cette dispense de la » même manière (1) ».

Si une commune prouve à l'évidence que la rétribution nuit à l'instruction, il y aurait lieu de pourvoir à ces inconvénients par la gratuité.

Il en serait de même, si les écoles privées cherchaient dans la gratuité le moyen de faire aux institutions officielles une déloyale concurrence.

A la date du 1er janvier 1893, 226.546 enfants, soit 48 p. c., recevaient gratuitement l'instruction dans les écoles publiques et 56.552, soit 27 p. c., dans les écoles privées.

La loi de 1889 fut votée à une grande majorité dans la seconde Chambre : 71 contre 27. A la première Chambre, elle fut adoptée par 31 voix contre 18.

Beaucoup de membres de la gauche, 17 à la seconde Chambre, votèrent la loi, espérant qu'elle mettrait fin à la lutte scolaire qui depuis tant d'années agitait le pays. Leur espoir s'est-il réalisé? C'est ce que nous examinerons à la fin de cet ouvrage, après

(1) Cette autorisation n'était octroyée en 1893 qu'à trois communes.

avoir exposé la loi dans tous ses détails et avoir dit de quelle manière elle se trouve appliquée.

La loi fut publiée le 8 décembre 1889, *Staatsblad* n° 175. Elle entra en vigueur le 1er janvier 1890.

LIVRE PREMIER.

NOTIONS GÉNÉRALES.

CHAPITRE PREMIER

Les écoles.

§ 1er. — De l'enseignement primaire.

La loi sur l'enseignement primaire distingue l'enseignement donné à domicile de l'enseignement scolaire.

L'instruction donnée en commun aux enfants de trois familles au plus, au domicile du chef de l'une d'elles, constitue l'enseignement à domicile.

Tout autre enseignement, y compris l'instruction donnée dans les maisons de charité, dans les Hôtels-Dieu, les hospices et les maisons de correction, dans les établissements de bienfaisance et autres établissements d'utilité publique, est considéré comme un enseignement scolaire, en ce qui concerne l'application de la loi. (Art. 1er.)

Trois caractères distinguent les écoles primaires des écoles moyennes :

L'âge des élèves ;

Le but de l'institution ;

Et surtout les matières enseignées dans les écoles.

C'est d'ailleurs par l'énoncé des matières qui y sont enseignées que la loi définit les écoles primaires. Certaines de ces matières sont obligatoires, d'autres sont libres.

Les matières obligatoires doivent être enseignées dans toutes les écoles qui veulent jouir d'un subside de l'État. Ce sont :

a) la lecture ;

b) l'écriture ;

c) l'arithmétique ;

d) les éléments de la langue néerlandaise ;

e) les éléments de l'histoire nationale ;

f) les éléments de la géographie ;

g) des notions de sciences naturelles ;

h) le chant ;

i) les éléments du dessin ;

j) les exercices de maintien ; mais il suffit du désir des parents pour que leurs enfants soient dispensés de ces exercices ;

k) les ouvrages manuels utiles : on entend par là des ouvrages tels que couture, tricotage, etc.

D'autres matières sont libres :

l) les éléments de la langue française ;

m) — — allemande ;

n) — — anglaise ;

o) des notions d'histoire universelle ;

p) des notions d'algèbre ;
q) le dessin ;
r) des notions d'agriculture ;
s) la gymnastique ;
t) les ouvrages manuels d'agrément (dentelles, etc.). (Art. 2.)

On se contente généralement dans les communes qui ont des écoles moyennes de l'enseignement des matières obligatoires ; tout au plus y ajoute-t-on les premières notions de la langue française, dont la connaissance est requise des enfants de douze ans qui veulent fréquenter une école moyenne.

§ 2. — Enseignement public et privé.

Les écoles primaires sont publiques ou privées.

Les écoles fondées et entretenues par l'État ou la commune sont publiques.

Les autres sont privées.

L'État seul peut subsidier les écoles privées ; les communes ne peuvent leur accorder de secours directs ou indirects que dans les cas et sous les conditions expressément prévues par la loi. Mais elles peuvent accorder aux enfants qui les fréquentent des récompenses pour leur assiduité.

Notons, à titre d'exemple, qu'il serait interdit à une commune de donner aux parents, sous quelque forme que ce soit, comme secours ou autrement, l'argent dont ils ont besoin pour payer la rétribution scolaire d'une école libre.

Les locaux de toutes les écoles, soit publiques, soit

privées, sont exempts de la contribution foncière en vertu de la loi du 26 mai 1870 (*Staatsblad* 82).

§ 3. — Inspection médicale.

Toutes les écoles sont accessibles aux membres des commissions médicales. Mais ils ne peuvent les visiter que munis d'une autorisation de l'inspecteur médical de la province et accompagnés soit du juge du canton, soit d'un membre de l'administration communale, soit du commissaire de police. Un double du procès-verbal de leur entrée dans l'école et des motifs qui l'ont dictée est remis au chef de l'école.

Il est défendu de donner l'enseignement primaire dans les locaux que l'inspecteur du contrôle médical a déclarés nuisibles à la santé ou trop restreints pour le nombre d'élèves qu'ils contiennent. L'inspecteur fait cette déclaration par écrit et la motive. Il en adresse une copie à la députation permanente, à l'administration communale, à l'inspecteur scolaire du district et au chef de l'école.

La députation permanente charge le bourgmestre et les échevins de la commune de publier cette déclaration dans un délai déterminé.

L'inspecteur scolaire du district, le chef de l'école, le propriétaire du local ou celui qui en fait usage, les parents ou tuteurs des enfants qui fréquentent l'école, peuvent se pourvoir auprès de la députation permanente contre la décision de l'inspecteur.

Le pourvoi doit se faire dans les trente jours à compter de la publication faite par l'administration communale. On peut en appeler à la Reine de la décision de la députation permanente.

Il n'est pas défendu de se servir pendant les délais d'appel des locaux condamnés, à moins que leur fermeture n'ait été ordonnée d'urgence. L'inspecteur peut retirer sa déclaration lorsque les locaux sont aménagés de façon à supprimer le danger qu'ils offraient pour la santé des élèves.

Tout instituteur public ou privé qui donne l'enseignement dans un local déclaré impropre, est puni d'une amende de 50 florins au maximum. En cas de récidive dans les deux ans, la peine peut être de 100 florins ou d'une suspension de 15 jours. Cette suspension peut être d'une année en cas de nouvelle faute.

Les inspecteurs du service médical s'entendent avec l'inspecteur scolaire pour l'accomplissement de leur mission. Ils n'agissent que de concert avec lui et ne refusent jamais leur concours. L'inspecteur scolaire est d'ailleurs chargé de leur dénoncer immédiatement les locaux qui lui semblent nuisibles, afin qu'ils en fassent l'examen.

L'inspection médicale se fait d'une façon impartiale ; elle a produit d'excellents résultats. Il y a eu quleques désaffectations d'écoles privées, mais elles ont paru entièrement justifiées.

§ 4. — Écoles auxquelles la loi ne s'applique pas.

La loi sur l'enseignement primaire n'est pas applicable aux écoles où l'on n'enseigne que le chant, le dessin, la gymnastique, les travaux manuels, des notions d'agriculture. Elle ne s'applique pas non plus à celles où l'on n'admet que des enfants de moins de six ans et où l'on ne donne qu'un enseignement préparatoire. Ces dernières restent cependant soumises aux règles communes en ce qui concerne l'inspection médicale.

La situation des instituteurs qui enseignent dans toutes ces écoles n'est pas réglée par la loi.

Même exception pour trois autres catégories d'institutions scolaires :

1° L'enseignement donné par des instituteurs militaires à des militaires ;

2° Les écoles pour sourds-muets, aveugles, bègues et idiots ;

3° Les écoles érigées dans les prisons et dans les dépôts de mendicité.

Mais les diplômes sont obligatoires pour les instituteurs de ces établissements.

§ 5. — Fréquentation des écoles.

La fréquentation des écoles n'est pas obligatoire [1];

[1] En 1830, dans la province de Groningue, on mit en vigueur un règlement qui obligeait tout père de famille à payer la rétribution scolaire (*Schoolgeldplegtigheid*) pour chaque enfant âgé de 6 à 12 ans, qu'il fréquentât ou non l'école publique, à moins que le père ne démontrât qu'il recevait l'instruction à domicile ou dans une école privée. Ce règlement produisit des effets remarquables; les absences devinrent insignifiantes.

l'instruction elle-même ne l'est pas davantage, quoique la Hollande compte de nombreux partisans de cette réforme et que le parti libéral tout entier semble l'avoir adoptée. La question fut soulevée en 1878 et en 1889 : en 1878 dans les travaux préliminaires seulement ; en 1889 en pleine Chambre. Mais la majorité se prononça contre elle, tout en maintenant les mesures établies en 1878 pour favoriser la fréquentation régulière des écoles.

L'opposition que manifesta le Ministère libéral de 1878 aux propositions d'enseignement obligatoire ne reposait pas sur une hostilité au principe même de l'obligation. Bien au contraire, le Gouvernement affirmait le droit de l'État de punir le père de famille qui ne donne aucune instruction à ses enfants; car la transgression de ce devoir paternel est aussi nuisible à l'État qu'à l'enfant. Il citait même avec admiration l'exemple donné par certains pays, comme l'Italie, qui venait d'introduire dans sa législation le principe de l'obligation.

Mais un scrupule l'arrêtait : il ne voulait pas porter atteinte à la liberté des parents d'envoyer leurs enfants dans une école de leur choix, surtout à un moment où l'opposition contre l'école neutre était des plus violentes. Le fait eût dominé le droit théorique. La faculté de préférer l'école la plus conforme à ses idées eût paru un vain mot dans les communes qui ne possédaient pas d'écoles privées ; les parents eussent été forcés d'envoyer leurs enfants dans un établissement neutre, alors même qu'ils eussent cru à la nécessité absolue d'une école confessionnelle.

A ce respect pour les convictions des citoyens se joignait une raison politique. Si l'on marchait en avant sans ménagement, il était à prévoir que l'on allait accroître la force des adversaires de l'école publique.

Une loi ne peut rendre l'enseignement obligatoire que si elle correspond aux sentiments de la population. Il faut que celle-ci considère la peine appliquée aux parents qui ne font pas instruire leurs enfants, comme le juste châtiment de leur négligence.

Enfin, une semblable loi n'eût pu recevoir en Hollande son application immédiate ; les locaux scolaires étaient, en 1878, insuffisants ; les instituteurs trop peu nombreux.

Dans ces circonstances, le ministère ne proposa que des mesures propres à favoriser la fréquentation de l'école. Ces mesures furent conservées dans la loi de 1889.

Mais, lors de la discussion de celle-ci, la question fut de nouveau soulevée.

M. Goeman Borgesius et quelques autres proposèrent par voie d'amendement d'inscrire dans la loi le principe de l'obligation :

» Les parents et les tuteurs sont obligés de faire donner à
» leurs enfants l'enseignement primaire d'après les règles éta-
» blies par la loi. »

Le Gouvernement de 1889, Gouvernement de coalition en majorité calviniste, s'opposa à l'adoption de cet amendement, mais en se montrant hostile cette fois au principe même de l'obligation.

Il le considérait comme une violation de l'autorité

paternelle, comme une extension dangereuse de l'intervention de l'État, qui pour lui, comme pour toute la droite, à peu d'exception près, devait être limitée et n'empiéter que le moins possible sur le droit des parents.

Il trouvait d'ailleurs à l'enseignement obligatoire un corollaire inadmissible, l'école publique obligatoire dans les communes privées d'écoles libres.

A ces motifs en quelque sorte permanents s'en ajoutaient d'autres tirés des circonstances présentes. Le Gouvernement voulait voir la lutte scolaire prendre fin, avant d'examiner d'une manière plus approfondie une question aussi épineuse ; il déclarait, enfin, ne pas posséder les éléments suffisants pour donner à la question une solution rationnelle.

On exagérait d'ailleurs souvent le nombre des enfants privés d'instruction ; on comprenait à tort parmi eux un grand nombre d'enfants qui, par suite de circonstances spéciales, fréquentaient les écoles d'une façon irrégulière ou pendant trop peu de temps.

A regarder les choses de près, il était permis d'assigner trois causes principales au manque total ou partiel d'instruction :

1° L'emploi d'enfants dans les fabriques ; mais le législateur venait de veiller aux abus de ce côté. En effet, la loi du 5 mai 1889 interdit le travail des enfants de moins de douze ans ;

2° Le travail des champs. Il était et reste encore la principale cause de la fréquentation irrégulière des écoles à la campagne. Certaines écoles bien peuplées en hiver sont presque totalement vides en été. Cette cause est d'autant plus difficile à vaincre que certains conseils communaux de campagne se montrent trop favorables au travail des enfants et ne font rien pour favoriser la fréquentation régulière des écoles ;

3° L'habitude de certains parents, justifiée parfois, mais qu'il faut déplorer et corriger le plus possible, de se faire aider de leurs enfants dans les travaux domestiques, sans leur laisser le temps d'aller à l'école.

On pourrait former une quatrième catégorie des enfants qui à l'insu de leurs parents s'absentent de l'école.

Nous venons de dire que le Gouvernement maintint en vigueur les mesures prises en 1878, pour favoriser la fréquentation des écoles primaires.

Voici ces mesures :

Art. 80. « Chaque année, avant le 1er février, les chefs » d'écoles primaires publiques et privées envoient au collège » des bourgmestre et échevins de la commune une liste des » enfants de 6 à 12 ans qui fréquentaient leur école à la date du » 1er janvier.

» Les instituteurs qui donnent l'enseignement à domicile » envoient une semblable liste des enfants auxquels ils enseignent.

Art. 81. « Les bourgmestre et échevins dressent la liste des » enfants du même âge qui habitent la commune; ils y mentionnent ceux qui ne reçoivent aucune instruction. Les » parents de ces enfants ne peuvent obtenir de la commune » d'autres secours que des secours médicaux, s'ils ne prouvent » qu'il y a erreur à l'égard de leurs enfants ou que c'est pour » des motifs indépendants de leur volonté qu'ils ne vont pas à » l'école ».

Avant la mise en vigueur de la loi de 1878, les

administrations civiles de bienfaisance possédaient le droit de refuser des secours aux parents dont les enfants ne recevaient pas d'instruction. Quelques-unes s'en étaient autorisées pour rendre l'école primaire publique obligatoire. C'était une grave atteinte à la liberté des parents et un dangereux abus de pouvoir que la loi 1878 rendit impossible.

Mais cette disposition ne fut pas admise sans difficultés. Plusieurs membres de la majorité y étaient opposés, trouvant que c'était établir d'une façon indirecte et pour les seuls indigents l'instruction obligatoire, que le ministère repoussait. Un amendement qui tendait à la supprimer faillit être adopté: il n'échoua qu'à deux voix de minorité.

Le conseil communal peut, dans la mesure où la loi de 1889 n'y a point pourvu, interdire le travail des enfants de six à douze ans. Mais il n'est guère fait usage de cette faculté ; et dans les communes où le conseil a cru devoir agir, il ne tient pas toujours la main à l'observation de ses règlements.

L'article 82 stipule encore que l'administration communale peut encourager la fréquentation assidue des écoles en décernant des récompenses et des distinctions honorifiques publiques. Ces récompenses peuvent se donner aussi bien aux écoles libres qu'aux écoles publiques, car elles ne sont pas considérées comme des subsides.

En 1892, sur 311.208 garçons âgés de six à douze ans 27.500 (soit 8.83 p. c.), — sur 307.922 filles du même âge 33.578 (soit 10.90 p. c.) ne fréquentaient pas d'école.

Au 1er janvier 1890 la proportion des absents était respectivement de 9.65 p. c. pour les garçons et de 12.19 p. c. pour les filles.

Les rapports font remarquer que la plupart de ces enfants ne sont pas complètement privés d'instruction.

Ainsi de 61.078 enfants de six à douze ans qui ne fréquentent pas l'école primaire :

12.101 fréquentent une école gardienne ;

309 une école d'enseignement moyen,

12.353 ont quitté l'école avant l'âge de douze ans.

Ajoutons que 3.206 n'ont pu être reçus faute de locaux suffisants.

Si nous examinons l'instruction des soldats, nous constatons qu'en Hollande sur 100 incorporés : 93.54 savent lire et écrire ;

1,03 ne savent que lire, et 5,43 sont absolument illettrés.

CHAPITRE II.

Les Instituteurs [1].

Nul n'est admis à donner l'enseignement primaire s'il ne possède des certificats de capacité et de moralité.

Les certificats de moralité sont délivrés par les autorités communales.

Les certificats de capacité sont de deux espèces, suivant le degré de capacité qu'ils confèrent.

Les uns confèrent le rang d'instituteur ordinaire ; les autres le rang d'instituteur en chef [2].

Les personnes qui jouissent du rang d'instituteur ordinaire peuvent enseigner les branches que nous avons indiquées au chapitre précédent (art. 3, litt. *a*-*i*). Elles peuvent, en outre, enseigner les exercices gymnastiques et les travaux manuels (institutrices), si elles ont passé un examen spécial pour ces branches [3].

[1] Schaepman. *De wet op het lager onderwijs* (*Inleiding*).

[2] Ce que nous disons des instituteurs s'applique aussi aux institutrices.

[3] On a jugé utile d'établir un examen spécial pour l'enseignement des travaux manuels, afin que l'aptitude des maîtresses

Les personnes qui jouissent du rang d'instituteur en chef peuvent enseigner, outre les branches désignées à l'article 2 (litt. *a-i*), les notions d'histoire générale et le dessin. Elles seules ont le droit de se trouver à la tête d'une école publique ou privée.

Pour obtenir le certificat de capacité qui confère le rang d'*instituteur ordinaire*, il faut avoir atteint l'âge de dix-huit ans et se présenter aux examens établis, au moins une fois par an, dans chaque province. A cet effet, le récipiendaire s'adresse à l'inspecteur du district et ajoute à sa demande un extrait de son acte de naissance et un certificat de moralité délivré par le bourgmestre ou par d'autres personnes dignes de foi. Il paie 5 florins pour son inscription.

Le jury est composé de l'inspecteur général de la province et de quatre inspecteurs de district ou d'arrondissement nommés par le Ministre.

L'examen porte sur les matières suivantes :

La lecture et l'écriture ;

La logique, l'orthographe, les éléments de la langue néerlandaise ;

La faculté d'exprimer sa pensée avec exactitude et facilité, verbalement et par écrit ;

Les premiers exercices du dessin ;

Le calcul aussi bien avec des nombres entiers qu'au moyen des fractions ordinaires et décimales, la

dans cette branche soit mieux établie. Ainsi, elles ne peuvent, comme dans les examens qui portent en même temps sur diverses matières, racheter les connaissances qui leur manquent en cette branche par un succès plus marqué en d'autres.

connaissance du système des proportions et du système néerlandais des poids et des mesures;

Les notions élémentaires de la géographie et en particulier la géographie de la Hollande et de ses possessions d'outre-mer ;

Les faits principaux de l'histoire nationale ;

Les notions de l'histoire naturelle ;

La théorie du chant ;

Les principes de pédagogie et d'éducation ;

Ceux qui ont subi leur examen avec succès reçoivent gratuitement un diplôme de capacité.

L'obtention du diplôme *d'instituteur en chef* requiert quelques autres conditions.

Chaque année le Ministre de l'Intérieur nomme une ou plusieurs commissions qui délivrent ce diplôme. Les membres de ces commissions, de même que les membres des commissions qui délivrent le diplôme d'instituteur ordinaire, jouissent de droits de vacation et d'une indemnité de voyage et de séjour.

Pour se présenter à cet examen, il faut :

Produire un extrait de son acte de naissance ;

Posséder un certificat de moralité et le diplôme de capacité d'instituteur ordinaire, ainsi qu'une attestation que l'on a, pendant deux ans au moins, donné l'enseignement primaire soit dans une école publique ou privée comme instituteur ou comme élève-instituteur muni d'un diplôme de capacité d'instituteur; soit dans une école de sourds-muets, d'aveugles, de bègues ou d'idiots. Ces attestations sont délivrées par le chef de l'école. Elles peuvent être remplacées par un certificat du directeur d'une école normale qui constate que le récipiendiaire en a suivi les cours pendant deux ans, après avoir conquis le grade d'instituteur ordinaire ;

Enfin payer 10 florins pour l'inscription.

L'examen porte sur la lecture, l'écriture, le calcul, la langue néerlandaise, les éléments de l'histoire nationale et universelle, de la géographie et de l'histoire naturelle, sur le dessin et la pédagogie.

Ceux qui possèdent un certificat d'instituteur peuvent encore subir des examens sur une ou plusieurs de ces matières libres que l'on peut enseigner dans les écoles primaires ; c'est-à-dire sur les éléments des langues française, allemande et anglaise ; sur les mathématiques ; l'agriculture ; la gymnastique. Ils doivent payer une inscription de 5 florins pour chacune de ces branches.

Ceux qui ne possèdent pas de diplôme d'instituteur peuvent être admis à des examens spéciaux, sur la gymnastique, le dessin et les travaux manuels pour jeunes filles, moyennant une inscription de 2 florins par branche.

Le diplôme de capacité n'est pas obligatoire pour les personnes qui ne donnent l'instruction qu'aux enfants d'*une seule* famille. Il ne l'est pas davantage pour celles qui ne font pas de l'enseignement leur profession, mais qui se déclarent cependant disposées à donner gratuitement l'instruction primaire. Ces personnes doivent obtenir une autorisation royale. Cette exception s'applique surtout à des personnes charitables, généralement des dames, qui se dévouent à instruire les enfants habitant des sections de communes fort éloignées du centre et dépourvues d'écoles. Elle s'accorde aussi à celles qui se chargent d'écoles du soir pour servantes et pour ouvrières.

Sont encore dispensés du diplôme ceux qui possèdent les certificats requis pour l'enseignement moyen ou qui jouissent de grades scientifiques (docteurs en lettres, en sciences, etc.) qui impliquent le droit d'enseigner.

Il n'existe pas de jurys privés pour la délivrance des diplômes; tous les instituteurs doivent passer leur examen devant le jury de l'État. Ce système n'a pas donné lieu jusqu'à présent à de sérieuses difficultés en ce qui concerne les candidats instituteurs des établissements libres. Si les jurys sont sévères à leur égard, comme à l'égard de ceux qui sortent des établissements publics, ils sont cependant impartiaux. Les réclamations contre leurs décisions sont peu nombreuses et, quoiqu'elles fassent l'objet d'un examen sérieux de la part des directeurs des institutions privées, elles sont trouvées généralement non fondées.

La question de l'établissement de jurys privés fut soulevée jadis; elle reste inscrite — quoiqu'on ne s'en soit guère occupé dans ces derniers temps — au programme du parti catholique et surtout à celui du parti antirévolutionnaire.

Le nombre de candidats qui se présentent à l'examen est suffisant pour pourvoir aux places ouvertes sans qu'il y ait pléthore de postulants.

Peu nombreuses sont les réclamations contre le système du diplôme obligatoire. Beaucoup d'instituteurs des écoles privées se considéreraient comme inférieurs à ceux des écoles publiques s'ils ne possédaient pas le même diplôme qu'eux. Mais on entend parfois des critiques sur la manière dont les examens sont organisés. Certains disent qu'ils pourraient être rendus plus pratiques et que les matières pourraient être différentes pour l'instituteur des villes et pour celui des campagnes.

L'instituteur peut perdre la capacité d'enseigner à la suite de certaines condamnations judiciaires.

Les étrangers qui veulent enseigner en Hollande doivent obtenir, outre les certificats de capacité et de moralité, une autorisation royale. On a cru qu'une telle autorisation, qui peut s'accorder ou se refuser suivant les circonstances, était préférable à l'établissement de conditions générales, toujours difficiles à déterminer *a priori* en une telle matière.

Statistique (¹).

Grade d'instituteur ordinaire.

En 1892 : sur 1.232 candidats, 852 réussissent, soit 69 p. c.

La proportion d'admis n'était que de :

61 p. c. en 1891.
57 p. c. en 1890.

(¹) En général, toutes nos statistiques sont empruntées au rapport annuel sur la situation des écoles primaires de 1892-1893. Celui de 1893-1894 n'a pas encore paru.

Grade d'instituteur en chef.

Le nombre de candidats admis est encore moins élevé :

Sur 1.342 candidats 524 admis, soit 39 p. c.

37 p. c. en 1891.

33 p. c. en 1890.

La proportion des candidats qui réussissent à passer les examens spéciaux est d'environ 51 p. c.

Les instituteurs et institutrices, au nombre de 16.590, sont répartis comme suit :

Enseignement public.

Instituteurs chefs d'école,	2.893.
— ordinaires,	6.233.
Institutrices chefs d'école,	72.
— ordinaires,	2.603.

Le nombre des institutrices qui se trouvent placées à la tête d'une école peut paraître singulièrement restreint. Il n'a cependant rien d'étonnant. Les écoles publiques sont mixtes aussi bien pour les élèves que pour les maîtres. Généralement les instituteurs sont placés à la tête des écoles, tandis que les institutrices donnent les classes inférieures.

Enseignement privé.

Instituteurs chefs d'école,	892.
— ordinaires,	2.001.
Institutrices chefs d'école,	435.
— ordinaires,	1.461.

CHAPITRE III

Formation des instituteurs.

§ I. — Formation par l'État.

Écoles normales. — L'État fonde et entretient des écoles normales pour la formation d'instituteurs. Les cours y sont de quatre années; chaque classe se compose d'un maximum de vingt élèves.

A la tête de l'école se trouve un directeur ou une directrice, suivant que l'école est pour garçons ou pour filles. Il est assisté de quatre instituteurs au moins. Leur nomination, suspension et révocation appartiennent à la Reine, et ils ne peuvent, sans son autorisation, exercer d'autres charges.

Le directeur surveille les élèves tant à l'intérieur qu'en dehors de l'école. Veiller à ce qu'ils remplissent leurs devoirs religieux, suivant la volonté de leurs parents; consigner dans un registre toutes les observations sur leur conduite, leur application et leurs progrès; diriger l'enseignement suivant les prescriptions de la loi, sont toutes fonctions qui lui incombent. Chaque année, avant le 1er mai, il fixe avec les professeurs le programme des cours pour l'année suivante. Ceux-ci sont organisés de telle sorte qu'ils puissent être fréquentés par des élèves de confessions religieuses différentes, c'est-à-dire, que la neutralité y est obligatoire. Le programme est soumis à l'inspecteur du district qui le transmet au ministre avec ses remarques.

A la même époque, il fait, par la voie des journaux, un appel aux élèves qui désirent s'inscrire. Les candidats doivent avoir accompli leur quinzième année sans dépasser leur dix-septième. Ils sont soumis à un examen d'entrée dont le programme est fixé par le directeur, de concert avec les professeurs et sous le contrôle de l'autorité supérieure. Cet examen porte sur des matières de l'enseignement primaire.

Nous avons dit que l'on n'admettait que vingt élèves dans chaque cours. Lorsqu'un plus grand nombre répond d'une manière satisfaisante à l'examen, on choisit les plus capables et, à un degré égal de capacité, ceux qui habitent la ville où se trouve située l'école normale ; car les écoles normales pour garçons n'ont point d'internats. Les élèves habitent en ville dans des maisons que leur indique le directeur. Ce logement leur est fourni aux frais de l'État. Les élèves des écoles normales de filles sont logées et nourries dans l'établissement.

Les livres sont fournis gratuitement à tous.

Il existe actuellement six écoles normales de l'État. Ce sont celles de Bois-le-Duc, Groningue, Harlem, Middelbourg, Deventer et Maestricht. Ces écoles comptaient, en 1892, 459 élèves, dont 103 dans la classe supérieure ; 97 de ces derniers se présentérent à l'examen et 84 obtinrent le diplôme d'instituteur.

En vertu de l'article 3 du règlement organique, une école primaire, nommée école d'apprentissage, se trouve adjointe à chaque école normale. Les élèves-instituteurs y trouvent l'occasion de se former à la pratique de l'enseignement. Cette école, comme l'école normale d'ailleurs, dépend de l'État qui en supporte seul tous les frais.

En 1892, les écoles normales coûtèrent à l'État 344.377,94 florins, dont 177.488,57 furent payés aux instituteurs.

Cours normaux. — L'État établit, partout où il rencontre les moyens suffisants, des cours normaux pour la formation d'instituteurs et d'institutrices. Ils sont de quatre années, mais on peut au besoin leur ajouter une classe préparatoire. Ces cours normaux sont de degrés différents, suivant le développement de leur enseignement. Dans ceux du 1er degré s'enseignent et les branches indiquées à l'article 2 (litt. *a-j*) et la pédagogie, les mathématiques, ainsi qu'une des trois langues : française, anglaise ou allemande. Aux jeunes filles on apprend en outre les travaux manuels. Les mathématiques et les langues vivantes ne s'enseignent pas dans les cours du 2e degré.

Il existait, en 1892 : 44 cours normaux du premier degré et 53 du deuxième degré, comptant ensemble 2.254 élèves, dont 342 obtinrent un diplôme d'instituteur.

La dépense de ce chef s'élevait à 400.456 florins.

Les cours normaux organisés par l'État : *Rijksnor-*

maallessen, se distinguent nettement des écoles normales de l'État : *Rijkskweekscholen.*

Les écoles normales sont de véritables établissements d'instruction ayant une existence distincte et indépendante et dont les instituteurs, pour la plupart du moins, n'occupent pas d'autres fonctions dans l'enseignement public ou privé.

Autre chose sont les cours normaux ; ils ne sont pas organisés par des établissements d'instruction spéciaux. Ce sont, comme l'indique leur nom, de simples cours donnés, en dehors de leurs heures ordinaires de classe, par des instituteurs en fonctions, choisis parmi les plus capables de l'enseignement public ou privé par le Ministre compétent, sur la proposition de l'inspecteur de district.

Le directeur, nommé, lui aussi, par le Ministre, remplit des fonctions analogues à celles du directeur d'une école normale, quant à la direction et à la surveillance des élèves qui fréquentent les cours. Il s'efforce de procurer à ceux qui suivent les cours supérieurs, l'occasion de s'exercer dans une école à la pratique de l'enseignement.

L'aspirant doit avoir atteint l'âge de quatorze ans ; mais douze ans suffisent, s'il se présente pour l'école préparatoire. Il doit présenter son acte de naissance et témoigner qu'il a fréquenté les cours d'une école primaire. Ses parents ou tuteurs doivent, en outre, certifier qu'ils le destinent à l'enseignement.

S'il réunit ces conditions, il est admis à passer un examen d'entrée qui porte sur les branches de l'enseignement primaire; il pourra même, s'il fait preuve de connaissances suffisantes, être admis dans une des classes supérieures.

§ 2. — Formation subsidiée par l'État.

Formation par des chefs d'écoles. — En vertu de l'article 8, les chefs d'écoles publiques ou privées peuvent admettre dans leurs établissements, moyennant avis dans les trois jours à l'inspecteur d'arrondissement, des jeunes gens de quinze à dix-neuf ans comme élèves-instituteurs (*Kweekelingen*). Ce sont généralement des enfants qui ont terminé dans l'école même leur enseignement primaire. Ils peuvent dépasser cet âge, s'ils possèdent le diplôme d'instituteur.

A ces derniers on donne le nom de volontaires. Remarquons que leur situation est différente de celle des élèves-instituteurs proprement dits. Ce sont de jeunes instituteurs encore sans place qui se font recevoir dans une école pour y trouver une occupation utile. Ils peuvent au besoin remplacer un instituteur empêché. Leur travail est gratuit, mais le conseil communal, s'il s'agit d'une école publique, peut les récompenser par l'allocation d'une indemnité.

Les élèves-instituteurs s'instruisent à l'école dans la pratique de l'enseignement ; ils n'y suivent pas de classes, mais s'y préparent à leur examen sous la conduite de l'instituteur en chef. Il leur est sévèrement défendu d'enseigner, sauf sous l'inspection et la direction d'un instituteur diplômé, présent dans le même local.

Les élèves-instituteurs reçoivent après trois mois

une attestation que leur conduite est bonne et que leurs progrès sont satisfaisants. Sans cette attestation ils ne peuvent demeurer à l'école. Elle leur est délivrée par l'instituteur en chef, qui la soumet au contreseing de l'inspecteur d'arrondissement. Si celui-ci refuse son approbation, l'instituteur peut en appeler dans la quinzaine à l'inspecteur de district. Il importe de remarquer que ce contre-seing n'est pas une simple légalisation de signature, mais une véritable approbation du maintien du pupille à l'école.

Ce certificat doit se renouveler tous les ans. C'est en refusant de le renouveler que le chef d'école peut forcer un élève-instituteur à s'en aller, car il n'a pas, à proprement parler, le droit de le démettre.

L'instituteur qui accepterait un pupille sans en donner connaissance par écrit à l'inspecteur, ou qui ne se soumettrait pas aux prescriptions de la loi sur la matière, serait passible d'une amende de 50 florins au maximum. En cas de récidive dans les deux ans, la peine pourrait être portée à 100 florins ou à 15 jours de suspension. Elle serait d'une année de suspension en cas de nouvelle faute.

Les pupilles ou élèves-instituteurs sont nombreux ; en 1892, on n'en comptait pas moins de 1620 dans les écoles publiques et 770 dans les écoles privées. Les jeunes filles sont plus nombreuses que les jeunes gens.

Le Gouvernement accorde un subside aux chefs d'écoles pour *chacun des élèves-instituteurs* formés par eux en suivant les règles que nous venons d'indiquer.

Cours normaux. — Le Gouvernement accorde aussi un subside aux cours normaux érigés par les communes ou établis par des particuliers. Leurs élèves sont soumis aux mêmes conditions que les élèves formés par un instituteur chef d'école. Leur organisation est analogue à celle des cours normaux de l'État. Les cours sont donnés, en dehors des heures ordinaires de classe, par des instituteurs en chef d'écoles tant publiques que privées, — eux seuls, à l'exclusion absolue des instituteurs ordinaires, en possèdent le droit, — qui s'associent dans ce but. Ces instituteurs sont tenus de faire connaître à l'inspecteur d'arrondissement les noms des élèves qui suivent leurs cours et la date de leur entrée. Cette formalité se justifie par la raison que le subside se base précisément sur le nombre d'années de fréquentation des cours.

La Reine fixe le taux du subside auquel peuvent prétendre les chefs d'écoles et les cours normaux. Mais pour qu'ils y aient droit, il faut que l'instruction de l'élève qui conquiert un diplôme ait duré deux ans au moins.

Ce subside est fixé comme suit :

Aux cours normaux communaux ou privés il est alloué 500, 400 ou 300 florins pour chaque élève diplômé, suivant que son instruction a duré quatre années, trois années ou deux années seulement.

Au chef d'école qui a formé un élève-instituteur il est alloué 300, 250 ou 200 florins, suivant qu'il a dirigé son instruction pendant quatre, trois ou deux ans.

En 1892, 65 cours normaux et 105 chefs d'écoles

touchèrent des subsides. Dans ces 63 cours normaux, 564 jeunes gens et 671 jeunes filles reçurent l'instruction ; tandis que les 105 chefs d'écoles formèrent 121 jeunes gens et 78 jeunes filles.

Les subsides peuvent être réclamés quinze jours après l'examen. Si l'élève a été formé dans divers établissements ou par diverses personnes, le Ministre est autorisé à répartir le subside suivant la durée de l'enseignement donné par chacun.

Écoles normales communales et privées. — L'État accorde aussi des subsides aux écoles normales communales et aux écoles normales privées, pourvu qu'elles satisfassent à certaines conditions.

Écoles normales communales. — Les écoles normales communales doivent satisfaire aux mêmes conditions que les écoles normales de l'État. Elles sont subsidiées par l'État qui intervient pour moitié dans leurs dépenses, à concurrence de 18.000 florins au maximum pour l'école normale proprement dite et de 6.000 florins pour l'école d'apprentissage qui y est jointe. Ce mode d'intervention n'a pas été réglé, ni même prévu par le législateur de 1889 ; il est emprunté à la loi de 1878, aussi ne peut-il s'appliquer qu'aux écoles existant déjà à cette époque. Il est vrai que de nouvelles écoles n'ont plus été établies ; celles-ci seraient subsidiées d'après les mêmes règles que les écoles privées.

Il existe actuellement trois écoles normales communales :

L'école d'Amsterdam pour la formation d'instituteurs et d'institutrices qui comptait en 1893, 154 élèves et reçut 24.000 florins de subsides.

L'école de Leyde pour la formation d'instituteurs et d'institutrices, qui comptait à la même date, outre 82 pupilles des deux sexes, un grand nombre d'instituteurs et d'institutrices qui venaient s'y préparer à l'examen sur l'une ou l'autre branche spéciale. Cette école reçut 9.974 florins de subsides.

L'école normale de Groningue pour la formation d'instituteurs et d'institutrices qui comptait, en 1892, 43 pupilles et reçut 6.890 florins de subsides.

Écoles normales privées.— L'arrêté du 3 avril 1894 (*Staatsblad* 34) exige comme première condition que l'instruction se donne dans les locaux de l'établissement, par des instituteurs dont une partie au moins est attachée exclusivement à l'école normale et n'exerce pas d'autres fonctions. Il faut, en outre, que l'enseignement s'étende aux branches dont la connaissance est requise pour l'examen d'instituteur, et qu'il se donne pendant un minimum de vingt-trois heures par semaine; il peut être confessionnel.

Le subside se calcule d'après une double base : le nombre d'heures consacrées à l'enseignement ; le nombre de diplômes obtenus par les élèves de l'établissement.

L'État paie aux écoles normales 30 florins pour chacune des heures de leçon données pendant une semaine dans les différentes branches indiquées à l'article 2. Ainsi, à l'école normale privée de Arnhem, où l'on donnait en 1890, dans les quatre classes réunies, 123 heures de leçon par semaine, le subside s'éleva de ce chef à 3.690 florins; à l'école normale privée de Harlem, où l'on ne donnait que 109 heures de leçon par semaine, il s'éleva à 3.270 florins. Les subsides se calculent d'après cette base dans l'hypothèse de cours de quatre années. S'ils ne comprenaient pas ce nombre d'années, le Gouvernement pourrait adopter une autre base, de façon à aboutir à des résultats à peu près identiques.

Il accorde, en outre, 400 florins par diplôme d'instituteur ordinaire, d'après la moyenne de diplômes obtenus par les élèves de l'établissement pendant les cinq dernières années.

En 1892, il existait 7 écoles normales privées confessionnelles qui reçurent de l'État 46.512 florins.

On discuta longuement l'utilité d'accorder des subsides aux institutions privées pour la formation d'instituteurs : écoles normales, cours normaux, etc. Les adversaires de cette mesure craignaient de voir des personnes totalement incapables attirés par l'appât des subsides vers cette œuvre de la formation des instituteurs. Ils redoutaient aussi un autre danger; l'espoir de réaliser quelques bénéfices pouvait amener même les instituteurs les plus capables à négliger leurs devoirs essentiels, en poussant vers la carrière de l'enseignement les jeunes gens qui y semblaient le moins appelés. Ces objections ne semblèrent pas décisives à la majorité. Celle-ci considérait que la formation d'un instituteur devait se faire en vue de la place qu'il occuperait plus tard et que, bien souvent, la formation donnée par un simple instituteur de village, serait plus pratique pour celui qui devra enseigner à la campagne, que celle qu'il pourrait recevoir dans une école normale de grande ville, dans un milieu essentiellement différent. Elle ajoutait que la crainte de voir des instituteurs incapables s'appliquer à former des élèves n'était pas fondée, puisque ceux-ci ne verraient que rarement leurs efforts couronnés de succès. Les inspecteurs auraient d'ailleurs des pouvoirs suffisants pour réprimer les abus.

C'est là une conséquence logique du système du Gouvernement. Il cherche à maintenir l'égalité entre les institutions publiques ou privées. Lorsqu'un candidat-instituteur répond aux exigences de la loi, il importe peu de savoir à qui l'on doit sa formation. Celui qui y a contribué a droit à une rémunération.

CHAPITRE IV

De l'Inspection.

Le Ministre de l'Intérieur a la haute surveillance des écoles primaires. Il est assisté dans sa charge par des *Inspecteurs généraux,* des *Inspecteurs de district* et des *Inspecteurs d'arrondissement* ([1]).

Il fut question, lors du vote de la loi, de la suppression des inspecteurs d'arrondissement. La surveillance des écoles eût été confiée aux Inspecteurs de district qui auraient pu vivre de leur seul emploi d'inspecteur.

La crainte de surcharger le budget fit seule rejeter cette motion et la réorganisation de l'inspection fut remise à plus tard. On ajourna de même l'examen des améliorations qu'on aurait pu introduire dans l'organisation des commissions scolaires, par exemple en confiant aux parents le soin de choisir toutes ou quelques-unes des personnes chargées de l'inspection. Une telle innovation exigeait d'ailleurs que la lutte scolaire fût terminée.

([1]) Inspecteurs, districts-schoolopzieners, arrondissements-schoolopzieners.

Les Inspecteurs généraux sont au nombre de trois. Ils exercent leurs fonctions chacun dans une partie du royaume comprenant plusieurs provinces. Le ressort du 1er inspecteur comprend les provinces du Brabant septentrional, de Gueldre et du Limbourg. Le ressort du 2me, celles de la Hollande septentrionale et méridionale, de la Zélande et de la province d'Utrecht. Celui du 3me, la Frise, l'Overijssel, Groningue et la Drenthe.

Sous ces inspecteurs se trouvent placés les *inspecteurs de district*. Ils sont au nombre de 25. Chacun d'eux exerce sa surveillance dans un des districts.

La nomination, la suspension et la révocation de tous ces inspecteurs appartiennent à la Reine. Leur traitement est fixe, ils jouissent en outre d'une indemnité de déplacement. Ils ne peuvent exercer d'autres fonctions sans autorisation royale.

Chaque district est divisé en deux arrondissements au moins, ayant chacun à leur tête un *inspecteur d'arrondissement*. Il existe 94 arrondissements d'inspection. Ces inspecteurs sont nommés par la Reine pour six ans ; mais leur mandat peut être renouvelé à l'expiration de son terme. Cette fonction est honorifique. Les inspecteurs d'arrondissement ne reçoivent aucun traitement ; il leur est seulement alloué une indemnité de voyage.

L'inspection locale est exercée par les bourgmestre et échevins de la commune d'une façon absolument indépendante de l'inspection scolaire, placée sous les ordres du Ministre et dont elle diffère d'ailleurs essentiellement ; aussi celui-ci n'en porte-t-il pas la responsabilité. Le conseil communal peut, s'il le juge utile, instituer des commissions particulières d'inspection. Il en existe dans beaucoup de communes. On ne comptait pas moins de 229 de ces comités locaux en 1892. Le conseil nomme les membres de ces comités, s'il ne préfère déléguer cette charge au collège des bourgmestre et échevins. Les habitants de la commune peuvent seuls en faire partie; les femmes en sont exclues, quoique la loi ne défende pas à la commission de se faire aider d'un comité de dames; dans certaines communes même, de tels comités sont chargés de l'inspection de l'enseignement des travaux manuels des jeunes filles.

Les membres des commissions locales, les inspecteurs d'arrondissement, les inspecteurs de district et les inspecteurs généraux prêtent, à leur entrée en fonctions, le serment, ou font la promesse solennelle de remplir fidèlement leurs fonctions. La loi ne dit pas dans quels cas les autorités peuvent se contenter d'une promesse solennelle. Elles suivent en cela les principes constitutionnels qui exigent le respect des opinions religieuses de chacun. Si quelqu'un déclare que ses opinions en matière religieuse lui interdisent le serment, il ne semble pas y avoir de motifs pour ne pas se contenter d'une promesse solennelle [1].

Toutes ces autorités ont le droit d'entrer dans les écoles publiques et dans les écoles privées de leur ressort. Celles-ci doivent leur être ouvertes immé-

[1] Circulaire du Ministre de l'Intérieur du 12 juillet 1873, N° 284, 5e div.

diatement, à la première demande. Chaque chef d'école et tout autre instituteur est tenu de leur donner tous les renseignements, au sujet de son établissement et de l'enseignement qui s'y donne, sous quelque forme que ces renseignements soient demandés, par écrit ou verbalement, soit pendant la visite de l'école, soit, à un autre moment. Cependant l'inspecteur scolaire qui visite une école privée ne peut s'occuper de la question financière, ni de l'instruction religieuse. Ces deux terrains lui sont absolument interdits. Mais il possède le droit de vérifier le chiffre de la rétribution scolaire des écoles qui reçoivent un subside de l'État. Cette vérification est nécessaire pour qu'il puisse juger si le taux n'en est pas trop élevé pour que l'école prétende au subside.

Aux inspecteurs aussi incombe la mission de veiller à ce qu'il ne soit pas donné d'enseignement contraire aux bonnes mœurs, ou engageant à la désobéissance aux lois.

Les instituteurs qui refuseraient obstinément de se soumettre à un ordre des inspecteurs, seraient passibles d'une amende de 600 francs ou de trois mois de prison en vertu de l'article 184 C. p. Tous ces fonctionnaires ont le droit, si la loi n'est pas observée, de dresser procès-verbal des infractions qu'ils constatent.

Les écoles privées sont généralement satisfaites de la manière dont se fait l'inspection. La loi règle, d'ailleurs, d'une façon assez minutieuse tout ce qui concerne les écoles, pour que les inspecteurs ne puissent abuser de leur pouvoir.

A côté de ces règles générales, il est quelques règles particulières à chaque catégorie d'inspecteurs :

« *Les Commissions locales* surveillent étroitement toutes les » écoles primaires de leur commune. Elles les visitent au moins » deux fois par an et veillent à ce qu'on y suive fidèlement » toutes les prescriptions de la loi ; elles tiennent compte du » personnel enseignant, du nombre des élèves et de l'état de » l'instruction. Chaque année avant le 1er mars elles envoient » au conseil communal un rapport raisonné de l'état de l'ensei- » gnement et en remettent une copie à l'inspecteur d'arrondis- » sement. Elles lui font connaître tout changement important » survenu dans l'enseignement; elles lui donnent ainsi qu'à » l'inspecteur du district et à l'inspecteur général tous les ren- » seignements qu'ils désirent. Ces commissions sont encore » tenues d'éclairer les instituteurs qui leur demandent aide et » conseil, en un mot, de favoriser par tous moyens le dévelop- » pement de l'enseignement ». (Art. 74.)

Les commissions locales ne peuvent exercer aucune surveillance sur les écoles normales de l'État, ni sur les écoles primaires qui y sont jointes.

Les *Inspecteurs d'arrondissement* surveillent toutes les écoles, tant publiques que privées, de leur ressort. Ils les visitent deux fois par an et font, tous les trois mois, à l'inspecteur du district un rapport détaillé sur leur situation. Ils veillent à l'érection de commissions locales, là où elles sont utiles et assistent souvent à leurs séances. (Art. 75.)

Ces inspecteurs surveillent aussi les écoles normales, et les cours normaux pour la formation d'instituteurs, appartenant à l'État, aux communes ou à des associations particulières. Ils font rapport de leur situation à l'inspecteur du district. Ils lui suggèrent les améliorations qu'ils croient désirables.

Notons aussi que, chaque année, le Gouvernement met à la disposition des inspecteurs d'arrondissement une somme d'argent, qui sert à la formation d'une bibliothèque où les instituteurs de leur ressort trouveront les ouvrages que leurs études requièrent, et à couvrir les menues dépenses auxquelles donnent lieu les réunions d'instituteurs.

Les *Inspecteurs de district* sont tenus d'avoir leur domicile au chef-lieu de leur circonscription. Ils cherchent, autant par leur correspondance que par des visites personnelles, à rester au courant de tout ce qui se passe dans les écoles. Ils favorisent le développement des établissements d'instruction. Ils réunissent au moins tous les trois mois les inspecteurs d'arrondissement, pour discuter avec eux les intérêts de l'enseignement. Chaque année, avant le 1er mai, ils envoient à l'inspecteur général et à la députation permanente de leur province un rapport général sur les écoles de leur district. Ils envoient aussi à l'inspecteur un rapport sur les concours qu'il ont présidés.

Les inspecteurs de district jouissent d'un traitement fixe de 2.500 florins et d'une indemnité de 300 florins pour frais de bureau. Leurs frais de voyage leur sont remboursés d'après un tarif fixe.

Enfin les *Inspecteurs généraux* éclairent le Ministre sur tous les besoins de l'enseignement et sur les mesures propres à le favoriser. A cet effet, ils se réunissent chez lui au moins une fois par an. Ils visitent les écoles lorsqu'ils le croient utile. Ils ont le droit de réunir les Inspecteurs de district et même les Inspecteurs d'arrondissement. Enfin, ils sont obligés de faire chaque année rapport au Ministre sur la situation de l'enseignement dans les provinces dont ils ont l'inspection.

Les Inspecteurs généraux reçoivent 3.700 florins de traitement fixe et 400 florins pour leurs frais de bureau.

Il existe en outre une très large franchise postale entre tous les inspecteurs.

LIVRE SECOND.

ENSEIGNEMENT PUBLIC.

CHAPITRE PREMIER

Écoles publiques.

---

§ 1er. — Écoles primaires.

La Constitution hollandaise exige que « partout dans le royaume il soit organisé par les autorités constituées un enseignement primaire suffisant. »

« L'organisation de l'instruction publique est réglée par la loi en respectant les opinions religieuses de chacun ». L'art. 16 de la loi sur l'enseignement primaire règle l'application de cet article constitutionnel :

Art. 16. « Dans chaque commune l'enseignement primaire » doit être donné dans un nombre suffisant d'écoles; ces écoles » sont accessibles à tous les enfants sans distinction d'opinions » religieuses ».

Cet article est très important. En résulte-t-il pour

chaque commune l'obligation d'établir des écoles, quels que soient le nombre et l'importance des écoles libres? C'est là une question dont la solution dépend absolument de la situation particulière de chaque commune. Le but poursuivi par le législateur est clair. Il veut que personne ne soit forcé de fréquenter une école libre confessionnelle, et pour ce motif il exige que les parents qui préfèrent pour leurs enfants une école publique bien constituée, puissent la trouver dans leur commune. Celle-ci satisfait donc à ses obligations si tous les enfants dont les parents choisissent l'école publique, peuvent y trouver place. Il ne faut rien de plus. Si tous les enfants de la commune fréquentaient l'école libre, il ne serait pas nécessaire d'ouvrir une école publique; ce ne serait nécessaire que le jour où les parents en feraient la demande. Il serait inconstitutionnel de fermer une école publique dans la pensée que tous les enfants qui la fréquentent, se rendront dans l'un ou l'autre établissement libre bien organisé; mais, d'autre part, il ne semble pas non plus requis d'établir une école publique parce que l'on suppose qu'un certain nombre de parents y enverront leurs enfants.

Les décisions prises par le Conseil communal au sujet du nombre d'écoles sont soumises à l'approbation de la Députation permanente. Celle-ci peut en ordonner l'augmentation, après avoir entendu l'inspecteur du district, si elle les trouve trop peu nombreuses pour contenir tous les enfants qui veulent les fréquenter. Ce motif seul peut légitimer son action. Encore son pouvoir est-il limité par l'appel à la Reine.

Si la commune refusait de se soumettre à la décision de la Députation permanente, elle verrait porter d'office à son budget les sommes nécessaires pour l'augmentation du nombre de ses écoles et il serait pourvu à l'exécution de l'arrêté par le commissaire de la Reine dans la province (¹).

Nulle école publique ne peut renfermer plus de six cents élèves, à moins qu'une autorisation royale ne lui permette de dépasser ce nombre. Cette exception fut admise pour éviter que certaines écoles, très peuplées au moment du vote de la loi, ne dussent renvoyer une partie de leurs élèves.

Si les communes ne peuvent s'exonérer de leur obligation sous aucun prétexte, mauvais état de leurs finances ou autre motif, il ne leur est cependant point défendu de s'entendre, lorsqu'elles sont voisines, pour fonder de concert une seule école, mais sous réserve de l'autorisation et de l'approbation de la Députation permanente. C'est là une liberté dont les communes peuvent user, mais que la Députation permanente ne peut jamais convertir en obligation. Il existait en 1892 trente-neuf écoles fondées et entretenues par plusieurs municipalités en commun. Les conventions faites entre communes deviennent la loi suivant laquelle doivent se trancher leurs différends ; ce n'est donc pas l'autorité administrative, mais bien l'autorité judiciaire qui aura à intervenir.

Une commune est toujours libre de recevoir dans ses écoles les enfants d'autres communes, sans autori-

(¹) Loi communale, art. 212 et 127.

sation quelconque; mais s'il existe une convention à ce sujet, elle est aussi soumise à l'approbation de la Députation permanente ([1]). Ces dernières conventions sont nombreuses. Elles se concluent souvent, lorsque des enfants sont plus éloignés de l'école de leur commune que de celle de la commune voisine. Mais, sauf convention, chaque commune reste toujours libre de recevoir ou de refuser des enfants étrangers.

Tous les enfants d'une commune ont le droit d'en fréquenter l'école publique. S'il y en a plusieurs, ils sont libres de choisir entre elles. Ce choix pourrait être limité par le Conseil communal afin d'éviter une trop grande population dans certaines écoles et le vide dans d'autres. Le Conseil a le droit de répartir la commune en sections et d'assigner une école à chacune d'elles. C'est là une mesure qui ne porte pas atteinte au droit des parents, puisqu'ils conservent toujours une école publique à leur disposition.

La commune est obligée d'établir des écoles dans les hameaux éloignés du centre qui comptent un certain nombre d'enfants en âge d'école. La loi ne fixe ni ce nombre, ni la distance nécessaire; c'est une question d'appréciation soumise d'ailleurs au contrôle de la Députation permanente.

Une décision de la Députation permanente d'Overyssel, approuvée par la Reine, le conseil d'État entendu, reconnaît la nécessité d'établir une école dans un hameau distant d'une lieue du centre de la commune, lorsqu'il s'y trouve une vingtaine d'enfants

([1]) Loi communale, art. 121.

en âge d'école dont les parents en ont fait la demande.

Le nombre d'écoles publiques était, en 1892, de 2993, fréquentées par 466.910 enfants, dont 257.840 garçons et 209.070 filles.

19 communes seulement n'avaient pas d'écoles publiques; les enfants de ces communes avaient l'occasion de fréquenter l'école publique d'une commune voisine, ou fréquentaient une école privée.

La loi ne fixe pas d'âge d'entrée et de sortie pour les enfants qui fréquentent les écoles primaires; cette question est abandonnée aux usages locaux; les mesures établies sous les législations précédentes ne purent modifier les coutumes.

En 1857, on voulut remédier aux inconvénients d'un départ trop précipité de l'école par la création d'écoles d'adultes; ce remède, bon en soi, ne fit qu'empirer le mal.

La loi de 1889 soumet les décisions du Conseil communal, relatives à l'âge d'entrée et de sortie des élèves, à l'approbation de la Députation permanente. Prendre une autre disposition eût été difficile. Comment obliger légalement les enfants à quitter l'école à un âge déterminé?

La limite fixée à l'âge de 12 ans eût été acceptable peut-être pour les villes, mais elle eût été funeste pour les campagnes, où les écoles d'adultes sont rares et où, pendant la saison d'été, les écoles primaires sont très irrégulièrement fréquentées.

Il n'en était pas moins nécessaire d'inscrire une mesure dans la loi, pour éviter que des communes, se laissant guider par des motifs d'économie, ne cherchassent à entraver la fréquentation des écoles.

Les enfants vont généralement à l'école depuis l'âge de six ans jusqu'à l'âge de quatorze ans.

La Députation permanente de la province de Gueldre refusa son approbation à un règlement de la commune de Batenburg, qui déclarait que les enfants âgés de quatorze ans ne seraient plus admis à l'école.

L'approbation de la Députation permanente est encore requise pour la fermeture d'une école, ou pour la réunion de deux écoles en une seule. Elle l'est aussi pour le choix de l'emplacement des locaux. Lorsque la Députation permanente approuve la fermeture d'une école, proposée par le Conseil communal, les intéressés n'ont pas le droit d'en appeler à la Reine; ils n'y sont autorisés que s'il y a violation de la loi.

Des arrêtés royaux ont déterminé, dans l'intérêt de la santé publique, quelques règles sur l'établissement et la construction des locaux où se donne l'enseignement public. Ces règles sont fort minutieuses. Ainsi, on ne peut établir une école dans le voisinage d'établissements insalubres, et il faut même éviter, autant que possible, que le bâtiment touche aux habitations voisines. Les locaux doivent être vastes; ils ne peuvent contenir plus de cent élèves. Chaque élève doit avoir au moins 3,6 m^3 d'air. Les classes ne peuvent pas avoir moins de 4 m. 50 de hauteur. L'aérage et l'éclairage doivent être soignés; les fenêtres placées de façon à tamiser une lumière trop vive doivent avoir leur partie supérieure toujours ouverte pour aérer la salle ([1]). La plupart de ces règles d'hygiène publique s'appliquent aux écoles libres subsidiées par les communes; depuis la loi de 1882, elles ne peuvent plus être appliquées aux autres écoles privées.

Sanction. Les chefs d'écoles qui admettraient dans leurs locaux un plus grand nombre d'élèves que ne l'autorise la loi, seraient passibles d'une amende de 50 florins. Cette peine serait portée à 100 florins ou à 15 jours de suspension en cas de récidive dans les deux ans; si une nouvelle faute était constatée avant l'expiration d'un même délai, la suspension pourrait être d'une année entière.

§ 2. — Écoles d'adultes.

Les communes sont obligées dans les limites du possible d'établir des écoles d'adultes pour ceux qui ont suivi les classes de l'enseignement primaire ordinaire (art. 17, al. 1). La loi désigne par ce terme les élèves des écoles publiques. Ce qui ne signifie pas que ceux qui ont fréquenté d'autres écoles ne peuvent y être admis. Un règlement qui les exclurait serait

([1]) Autres règles :

Les portes des classes ne peuvent être en communication directe avec l'air extérieur.

Le pavement doit être en bois ou, du moins, il faut une latte sous chaque pupitre.

Les bancs doivent être munis d'un dossier.

Les vêtements que les élèves ôtent en entrant à l'école ne peuvent être déposés dans les classes.

illégal. Mais la commune n'est pas obligée d'en établir à leur intention. L'enseignement de l'école d'adultes est la répétition (*herhalingsonderwijs*) de l'enseignement de l'école publique. On y enseigne les mêmes branches. Leur programme peut cependant s'étendre à celles qui sont simplement facultatives pour l'école primaire.

Les écoles d'adultes sont nombreuses : 540 communes en avaient en 1892. La députation permanente peut forcer les communes à en établir ; mais celles-ci peuvent exiger qu'il se présente au préalable un nombre minimum d'élèves.

Le régime de ces écoles est assez mal réglé, leur enseignement pourrait être plus pratique. Aussi recherche-t-on les moyens de l'améliorer.

Elles sont soumises aux mêmes règles que les écoles primaires en ce qui concerne la neutralité, l'inspection, les conditions de moralité des instituteurs.

16.786 personnes fréquentaient les écoles d'adultes publiques ; 2.828 les écoles privées.

§ 3. — Écoles du soir.

L'École du soir se distingue absolument de l'école d'adultes. Elle forme, là où elle existe encore, une partie inhérente de l'école primaire et se trouve en général destinée aux seuls enfants qui fréquentent celle-ci. On en trouve dans 90 communes ; 25.000 enfants les fréquentent, parmi lesquels on n'en trouve que 2.536 allant uniquement à l'école du soir. Elles étaient jadis fort nombreuses. L'instituteur donnait classe le matin, l'après-midi et le soir de 5 à 7 heures.

CHAPITRE II

L'enseignement dans les écoles publiques.

Les branches que nous avons signalées dans un chapitre précédent comme obligatoires sont enseignées dans toutes les écoles publiques. Il n'est pas de prétexte ou de motif qui en puisse dispenser. Les branches facultatives ne sont enseignées en tout ou en partie que lorsqu'il en existe un besoin suffisant, c'est-à-dire, lorsqu'un nombre raisonnable d'élèves désirent en jouir. La décision en cette matière appartient au conseil communal. La députation permanente et même la Reine pourraient intervenir, s'il ne remplissait pas son devoir. La décision de l'administration communale ne peut être motivée par l'aisance plus ou moins grande des enfants qui fréquentent l'école ; des considérations d'un ordre plus élevé peuvent seules entrer en ligne de compte. Pauvres et riches doivent se trouver sur un pied de complète égalité. L'existence d'écoles moyennes ne dispense pas une commune de l'enseignement des branches facultatives ; car ce sont là deux enseignements distincts et l'un ne peut empêcher l'établissement ou le maintien de l'autre.

Il ne suffirait pas non plus qu'il existât dans la commune des cours spéciaux pour l'enseignement de l'une ou l'autre branche facultative, pour que, *ipso facto*, l'école publique fût dispensée de cet enseignement. Ce cas a été formellement prévu lors de la discussion de la loi et tranché par le rejet d'un amendement de M. de Savornin Lohman.

S'il est interdit de supprimer sous certains prétextes un des cours désignés par la loi, il n'est pas moins défendu d'en ajouter d'autres. Aussi serait-il illégal de donner un cours professionnel dans une école primaire.

La loi autorise la commune à établir des écoles préparatoires et des écoles pour les élèves déjà plus avancés, pourvu que dans les unes et dans les autres on enseigne toutes les branches obligatoires. Mais il est permis de réserver l'enseignement des branches facultatives à l'une de ces écoles, de façon à y compléter l'enseignement des autres. Dans beaucoup d'écoles on enseigne l'une ou l'autre des branches facultatives, le plus souvent le français et les mathématiques.

Les enfants sont obligés de suivre toutes les branches enseignées à l'école, exception faite pour la gymnastique dont ils sont dispensés à la demande des parents.

Arrivons à une question fort délicate : l'enseignement de la morale et de la religion.

Le principe est le suivant : l'enseignement de la morale est obligatoire et il est donné par l'instituteur, tandis que l'enseignement de la religion ne figure pas au programme, mais peut, moyennant certaines sauvegardes pour la liberté des dissidents, être donné dans l'école même par les ministres des divers cultes.

Remontons au texte légal :

« L'enseignement scolaire, en fournissant les connaissances nécessaires et utiles, doit développer les facultés intellectuelles des enfants et les préparer à la pratique de toutes les vertus chrétiennes et sociales.

L'instituteur doit s'abstenir d'enseigner, de faire ou de laisser faire quoi que ce soit de contraire aux opinions religieuses de ceux qui professent un autre culte que le sien ».

Tel est le texte des deux premiers paragraphes de l'article 33, texte peu précis que la pratique éclaire et dont l'application détermine l'exacte portée. Il est emprunté à la législation de 1806 et en conserve le sens.

L'instituteur doit enseigner les notions de morale chrétienne ; l'instruction qu'il donne sera imprégnée de sages conseils, mais il lui est défendu de toucher aux questions dogmatiques. Il faut que tous les enfants puissent fréquenter son école sans y entendre un enseignement qui froisse leurs convictions religieuses.

Cependant n'exagérons rien. Comme le déclarait un membre de la deuxième Chambre en 1889, l'État doit veiller, non pas à la réalisation de la conception doctrinaire d'une neutralité absolue, mais à l'observation d'une neutralité relative en vue des enfants qui fréquentent l'école. L'instituteur ne peut se soustraire entièrement à l'influence des milieux ambiants, et à celle de ses croyances personnelles ; mais s'il veille à ne pas froisser les opinions religieuses des enfants qui fréquentent l'école ou de leurs parents, il satisfait au vœu de la loi. On n'exige pas le respect de toutes les opinions religieuses possibles, même de celles que personne ne partage, ni à l'école, ni dans ses environs.

L'instituteur peut parler de Dieu, de la Providence divine, de l'immortalité de l'âme : ce sont là des vérités qui sont envisagées comme étroitement unies à la morale. Mais il ne peut enseigner la divinité de Jésus-Christ, s'il se trouve en présence d'enfants juifs.

Il n'y a pas d'emblèmes religieux dans les classes.

A Appeldorn, un instituteur d'école publique fut démis de ses fonctions pour avoir mis en doute l'existence de Dieu, à propos d'une réponse donnée par un enfant à une question, du reste, assez banale.

Il n'est pas interdit de suggérer aux élèves l'une ou l'autre pensée édifiante ; ou de dire une prière au commencement et à la fin des classes, mais celle-ci doit être telle qu'elle ne puisse froisser les convictions religieuses de personne. En fait, la prière ne se dit plus guère.

Il ne serait pas permis de faire à l'école la lecture de la Bible, mais on peut raconter sans inconvénient certains faits bibliques.

L'école publique ne pourrait être tenue par des Frères ou par des Religieuses qui enseigneraient en portant le costume de leur ordre ; ils doivent revêtir les habits laïques. Cette défense les écarte, en fait, de la situation d'instituteurs officiels.

Notons encore une dernière conséquence de la neutralité scolaire, telle qu'on la pratique dans les écoles publiques : on n'accorde pas aux élèves de congé général aux fêtes religieuses particulières à l'un ou à l'autre culte.

Ainsi, quoique la fête de la Purification soit obligatoire en Hollande pour les Catholiques, la classe se donne ce jour-là comme les jours ordinaires. Mais il suffit que les parents catholiques manifestent à l'instituteur en chef le désir de célébrer cette fête, pour que leurs enfants soient autorisés à rester chez eux. Aux grands jours de fêtes reconnues et célébrées par les divers cultes, il n'y a évidemment pas classe.

En pratique, dans les provinces où les opinions religieuses sont mélangées, la loi est appliquée avec sévérité. Dans le Limbourg et dans le Brabant septentrional, l'instituteur jouit d'une très grande liberté sans qu'il y ait de réclamations, puisque tout le monde partage les mêmes croyances. Pendant l'année 1892, il n'y a pas eu une seule plainte au sujet de l'observation de l'article 33.

L'instituteur qui transgresse ses obligations en cette matière, peut être privé pendant une année par la Reine de sa capacité d'enseigner ; la même peine peut être prononcée, en cas de récidive, pour un temps indéterminé.

L'obligation d'être neutre ne dure qu'aussi longtemps que l'instituteur se trouve dans l'école. Au dehors, il recouvre toute sa liberté. Il lui est permis alors de professer ouvertement ses opinions ; il peut écrire des articles dans des journaux qui s'occupent de questions religieuses ; il peut même enseigner le dogme.

L'enseignement de la religion est abandonné aux ministres des divers cultes; le règlement de l'école leur réserve un certain nombre d'heures pendant lesquelles les locaux scolaires, chauffés et éclairés, s'il est nécessaire, sont tenus à leur disposition, aux conditions à déterminer par les bourgmestre et échevins, de concert avec l'inspecteur scolaire du district. En cas de divergence, le Ministre de l'Intérieur prononce.

Cette règle admet des interprétations diverses.

Ainsi, on peut donner aux enfants qui fréquentent l'école, un jour entier de congé chaque semaine, et ce jour-là, mettre les locaux à la disposition des ministres du culte. On pourrait aussi leur réserver une simple après-midi, par exemple, celle du mercredi, jour ordinaire de congé. Libre alors aux parents d'envoyer leurs enfants assister à l'instruction religieuse.

On peut encore inviter les ministres du culte à venir donner leur instruction avant ou après la classe. Cette dernière manière d'agir, absolument conforme aux intentions du législateur de 1857, qui introduisit la règle, est peut-être aussi la plus fréquente.

Parfois aussi il arrive qu'ils donnent leur enseignement pendant les heures ordinaires de classe. Les enfants dissidents, et ceux qui ne professent aucun culte, quittent au moment de leur entrée et s'en vont jouer pendant qu'ils donnent l'instruction religieuse; ils rentrent en classe dès qu'elle est terminée. Mais faisons remarquer que cette pratique, encore qu'elle s'allierait au plus grand respect de la liberté des consciences, est absolument contraire à l'esprit de la loi.

Dans certaines communes, les pasteurs protestants ont fait usage de la faculté que leur donne la loi, d'enseigner la religion dans les écoles publiques. Les prêtres catholiques n'en ont que peu ou point usé. Ils préfèrent enseigner le catéchisme à l'église. Les enfants catholiques qui fréquentent l'école publique, peuvent quitter l'école avant les autres enfants, les jours où ils doivent assister à l'instruction religieuse.

En 1890, l'instruction religieuse était donnée dans 773 écoles réparties entre 330 communes; en 1892, dans 786 écoles réparties entre 446 communes.

CHAPITRE III

Les Instituteurs des écoles publiques.

§ 1er. — Personnel des écoles.

Nous avons établi dans un chapitre précédent une distinction entre les instituteurs, les uns possédant le diplôme d'instituteur en chef, les autres n'ayant que le diplôme d'instituteur ordinaire. Les premiers jouissent seuls du droit de diriger une école ; les instituteurs ordinaires ne peuvent assumer cette charge que provisoirement, à titre de remplaçants et jamais pendant plus de six mois.

Le directeur de l'école fixe les époques de classe et les vacances. L'année scolaire commence après les grandes vacances, c'est-à-dire vers la mi-août ou au commencement de septembre. Il ne peut, comme nous l'avons déjà dit, établir de congés à l'occasion de fêtes religieuses particulières à l'un ou l'autre culte, à moins que les deux tiers des élèves et la plus grande partie du corps enseignant ne viennent pas à l'école ce jour-là. Il fait le règlement intérieur de l'école, sous réserve de l'approbation du Collège des bourgmestre et échevins et de l'inspecteur du district ; il choisit les livres à employer pour l'enseignement. Dans les communes qui comptent plusieurs écoles primaires publiques, les directeurs de ces écoles s'entendent pour fixer en commun tous ces points.

Le chef de l'école est assisté d'instituteurs avec titre d'instituteurs en chef et d'instituteurs ordinaires dont le nombre est proportionnel au nombre d'élèves.

Il est assisté d'un instituteur, lorsque son école est fréquentée par plus de 40 et moins de 91 élèves ; de deux instituteurs, si leur nombre varie entre 91 et 144; s'il dépasse ce dernier chiffre, il faut un instituteur de plus par 55 élèves (art. 24). Remarquons que c'est là un minimum que l'on pourra dépasser, si l'intérêt de l'enseignement le requiert.

Lorsque l'école compte plus de trois instituteurs-adjoints, il faut qu'un d'entre eux au moins soit âgé de vingt-trois ans et possède le diplôme d'instituteur en chef. Lorsque l'école compte plus de sept instituteurs-adjoints, deux d'entre eux doivent réunir ces qualités. Il va de soi que l'on ne compte pas dans ce nombre les élèves-instituteurs occupés à l'école, ni les professeurs qui n'enseignent qu'une des branches facultatives comprises à l'article 2 (litt. *h* à *t*).

NOMBRE D'ENFANTS	CHEF de L'ÉCOLE.	INSTITUTEURS ADJOINTS.		TOTAL.
		Agés de 23 ans avec diplôme d'instituteur en chef.	Ordinaires.	
En dessous de 41	1	—	—	1
— 91	1	—	1	2
— 145	1	—	2	3
— 200	1	—	3	4
— 255	1	1	3	5
— 310	1	1	4	6

Lorsqu'une commune refuse de nommer un nombre suffisant d'instituteurs, le chef de l'école et les habitants de la commune ont le droit de signaler le fait à la députation permanente, qui peut refuser son approbation au budget communal, et prendre des mesures pour compléter le personnel enseignant ([1]).

Aussi longtemps d'ailleurs qu'elle ne satisfait pas aux conditions de la loi, elle ne peut toucher de subsides de l'État. Il en serait autrement, si la bonne volonté de l'administration communale ne pouvait être mise en doute ; car beaucoup de petites communes recrutent difficilement leur personnel enseignant, les instituteurs recherchant de préférence les places en ville, même avec traitement moins élevé.

Pour l'application de l'article 24 on prend comme

([1]) Loi communale, art. 212, 126 et 127.

base le nombre d'enfants qui fréquentent l'école à la date du 15 janvier. La deuxième Chambre refusa de se rallier à une proposition du gouvernement fixant ce nombre d'après une moyenne basée sur la population scolaire aux 31 mars, 30 juin, 30 septembre et 31 décembre. Car à l'une des dates fixées dans cette proposition, celle du 30 juin, les absences sont toujours très considérables à la campagne. La moyenne eût donc été trop peu élevée et le nombre d'instituteurs trop peu considérable; certains d'entre eux auraient eu en hiver des classes composées de 80 élèves.

A remarquer enfin les dispositions de l'article 25 :

Art. 25. « Lorsque l'école comprend diverses classes, l'enseignement dans les classes inférieures est confié de préférence « à des institutrices, celui des classes supérieures à des instituteurs, sauf dans les écoles destinées exclusivement aux filles. »

§ 2. — Nomination des instituteurs.

Deux conditions sont requises pour être nommé instituteur :

1° La possession d'un diplôme de capacité;

2° La possession d'un certificat de bonne conduite délivré par le bourgmestre de la commune où le candidat a séjourné pendant les deux dernières années.

Si le bourgmestre refuse de le délivrer, il est autorisé à en appeler au Commissaire de la Reine dans la province, qui, dans ce cas, a le droit d'accorder le certificat.

On assimile au certificat délivré par le bourgmestre

celui donné par les autorités constituées d'un pays étranger sous la juridiction desquels le candidat a vécu durant les deux dernières années.

Le conseil communal nomme les instituteurs des écoles publiques communales, le ministre ceux des écoles publiques de l'État jointes aux écoles normales.

La nomination du directeur d'une école primaire se fait par le conseil communal sur une liste de trois candidats, présentée par le collège échevinal, d'accord avec l'inspecteur de district. S'ils ne peuvent s'entendre, ils recourent à un examen sur la capacité des candidats (*vergelijkend onderzoek naar de geschiktheid*). Jadis le concours était toujours obligatoire, mais ce système souleva des réclamations si nombreuses, que le Ministre de l'Intérieur en proposa l'abolition complète. Cette proposition radicale ne fut pas adoptée; on recourut à une mesure transactionnelle, qui ne maintint l'examen qu'en cas de désaccord entre le collège et l'inspecteur de district.

La loi emploie les mots *vergelijkend onderzoek* et non *vergelijkend examen,* pour indiquer la volonté du législateur de ne pas instituer en cette matière un simple concours sur quelques branches de l'enseignement, mais bien un examen général sur l'aptitude des candidats à diriger une école.

Si les candidats qui se présentent sont fort nombreux, le collège et l'inspecteur de district peuvent en choisir six qui seront seuls admis à concourir. S'ils ne peuvent se mettre d'accord pour les désigner, ils les autoriseront tous à prendre part au concours.

Lorsqu'un concours précède une nomination, l'inspecteur de district dresse une liste de trois candidats au moins et l'envoie au conseil communal avec un avis motivé. Le conseil doit limiter son choix aux personnes présentées. Cependant, si aucune d'elles ne lui convient, il peut, d'accord avec l'inspecteur de district, choisir le chef d'une autre école publique de la commune. Le consentement de celui-ci n'est pas requis pour son changement.

La nomination des *instituteurs ordinaires* se fait par le conseil communal, sur une liste de trois candidats que lui présente le collège échevinal, après avoir consulté l'inspecteur d'arrondissement et avoir entendu l'avis du chef de l'école dans laquelle doit avoir lieu la nomination. La loi ne prescrit plus de concours à défaut d'entente entre l'inspecteur et le collège ; ce dernier peut passer outre à la présentation.

§ 3. — Démission.

Le conseil communal a aussi le droit de démettre les instituteurs sur la proposition du collège échevinal ou de l'inspecteur de district, s'il s'agit d'un instituteur placé à la tête d'une école ; sur la proposition du collège ou de l'inspecteur d'arrondissement, s'il s'agit d'un instituteur ordinaire, *démission non honorable (niet eervol ontslag)*.

La Députation permanente peut également, sur la proposition de l'inspecteur du district, révoquer un instituteur ; elle a aussi le droit de le suspendre. Elle peut même enlever la capacité d'enseigner à un instituteur révoqué par le collège des bourgmestre et échevins.

Si un instituteur est poursuivi pour faits immoraux, le conseil peut le révoquer sans attendre la décision des tribunaux. Il peut maintenir sa décision, même si la sentence prononcée lui est favorable.

Un autre droit que possède le collège des bourgmestre et échevins, c'est celui de suspendre un instituteur pour la durée d'un mois, sur la proposition de l'inspecteur d'arrondissement; mais, dans ce cas, il doit en avertir immédiatement le conseil communal et l'inspecteur du district. La suspension n'entraîne pas de perte de traitement; aussi est-elle peu à conseiller et ne doit-elle être employée que dans de rares circonstances. Le conseil communal peut relever de cette peine.

Lorsqu'un instituteur est suspendu, démis ou absent, lorsqu'il est empêché temporairement, le collège pourvoit à son remplacement provisoire, de commun accord avec l'inspecteur d'arrondissement. Si la place restait sans titulaire définitif pendant plus de six mois, la Députation permanente pourrait en nommer un, mais seulement après avoir fait subir un examen aux différents candidats.

Il est intéressant de noter que le traitement de l'instituteur qui remplace provisoirement un instituteur malade, est toujours à la charge de la commune. Cette règle est équitable : on ne pourrait justifier la prétention de faire supporter par un instituteur, que la maladie seule empêche d'être à son poste, les frais d'un remplaçant; aussi a-t-il le droit de toucher son traitement entier pendant toute la durée de sa maladie. Mais, si un instituteur demandait, pour toute autre cause, un congé assez long pour qu'il fallût pourvoir à son remplacement, il devrait en supporter la charge.

§ 4. — Traitement.

Le conseil communal fixe le traitement des instituteurs sous réserve de l'approbation de la Députation permanente, mais la loi établit un minimum auquel il ne peut être inférieur.

L'instituteur placé à la tête d'une école a droit à un traitement d'au moins 700 florins.

L'instituteur qui possède le diplôme d'instituteur en chef a droit à un minimun de 600 florins.

L'instituteur ordinaire a droit à un minimum de 400 florins.

Tout instituteur a droit à un traitement fixe égal au moins au minimum. On ne pourrait donc lui en payer une partie sous forme de prime, telle qu'une prime proportionnelle au nombre d'élèves; celles-ci ne sont autorisées que pour autant qu'elles s'ajoutent au traitement minimum. Lorsqu'elles sont établies, on ne peut les modifier au détriment des instituteurs qui en jouissent.

Le traitement des instituteurs varie nécessairement d'après les communes. Il est plus élevé là où la vie est plus chère.

La commune est obligée de mettre gratuitement une habitation. avec jardin si c'est possible, à la disposition des instituteurs qui dirigent ses écoles. Si elle ne possédait pas de maison convenable, elle pourrait se décharger de son obligation par le paiement d'une indemnité de logement.

Le législateur n'a pas cru nécessaire d'imposer aux communes l'obligation d'augmenter les traitements de leurs instituteurs après un certain nombre d'années de service. Il leur laisse toute liberté sur ce point.

Le conseil communal de La Haye, décida, dans sa séance du 15 janvier 1895, que les instituteurs recevraient une première augmentation de traitement après quinze années de service, une seconde augmentation, dix années après.

La statistique suivante indique le montant des appointements payés aux instituteurs par l'État et par les communes en 1892 :

L'État : Traitement des instituteurs des écoles primaires de l'État. . . . . fl.	11.700,—
Traitement des instituteurs des écoles normales de l'État	177.488,57
Subsides aux instituteurs des cours normaux.	384.235,47
Total, fl.	573.424,04
Les Communes : Traitements des chefs d'école	2.950.852,09
Traitement des instituteurs et institutrices.	6.164.740,19
Gratifications accordées au personnel enseignant.	24.637,74
Total, fl.	9.140.230,02
Participation dans les rétributions scolaires.	1.740,75

Les traitements des 2.965 instituteurs placés à la tête

d'une école varient entre 700 florins (minimum légal) et 2.100 florins.

1567	chefs d'école ont de	700 à 899	florins.
585	—	—	900 à 1099	—
243	—	—	1100 à 1299	—
160	—	—	1300 à 1499	—
110	—	—	1500 à 1699	—
154	—	—	1700 à 1899	—
60	—	—	1900 à 2099	—

86 instituteurs chefs d'école ont un traitement supérieur à 2.100 francs, un d'eux atteint le chiffre de 2.800 florins, un autre celui de 2.900 florins.

Les traitements des 8.836 instituteurs et institutrices varient entre 400 florins (minimum légal) et 1.600 florins.

3079	instituteurs	ont de	400 à 599	florins.
3705	—	—	600 à 799	—
1186	—	—	800 à 999	—
540	—	—	1000 à 1199	—
190	—	—	1200 à 1399	—
119	—	—	1400 à 1599	—

17 instituteurs ont un traitement supérieur; trois d'entre eux atteignent 1.900 florins et un 2.000 florins.

Il est défendu à l'instituteur sous peine de révocation de faire le commerce, d'exercer un négoce ou toute autre profession quelconque. (Art. 35).

La règle est absolue, il n'est jamais permis d'y déroger. Il est assez difficile d'établir la limite exacte du droit de l'instituteur en cette matière. La loi l'autorise à enseigner autre part que dans son école; il peut donc donner en dehors des heures de classe un enseignement religieux; il peut donner des leçons particulières, ou enseigner dans une école professionnelle. Le conseil communal ne pourrait même enlever ce droit à un instituteur en particulier, mais il lui serait permis d'en interdire à tous l'exercice par un règlement général. Il n'y a, en ce qui concerne les autres occupations auxquelles pourrait s'adonner un maître d'école, d'autre règle que celle-ci : il faut toujours au moins que l'on puisse dire qu'il vit pour sa fonction d'instituteur. Dans ces limites, il lui est permis, par exemple, d'être agent d'une société d'assurances sur la vie; de s'occuper d'agriculture; mais il ne pourrait être rédacteur d'un journal, quoiqu'on ne puisse lui interdire de publier des articles.

Il est défendu aux instituteurs, sous la même peine, d'exercer une fonction ou un emploi, ou de permettre qu'un membre de leur famille exerce chez eux une profession ou fasse le commerce ou le négoce. (Art. 36 al. *a*). La députation permanente peut lever cette défense. En vertu d'un arrêté royal du 24 juillet 1881 *Staatsblad* 139, l'autorisation sera toujours accordée, à moins que des raisons sérieuses ne s'y opposent dans l'intérêt de l'enseignement. Cette autorisation fut octroyée à 77 instituteurs pendant l'année 1892.

§ 5. — Pensions et traitements d'attente.

Pensions. L'État sert une pension aux instituteurs des écoles publiques qui ont atteint l'âge de soixante-cinq ans. Il peut en accorder également une à ceux qui, après dix ans d'enseignement, deviennent, par suite de maladie, incapables de remplir leurs fonctions ; mais cette incapacité ne constitue pas un droit à la pension.

La pension se calcule d'après le montant des appointements de l'instituteur pendant les douze derniers mois de l'exercice de ses fonctions. Elle est d'un soixantième de ces appointements pour chaque année d'enseignement ; mais, dans aucun cas, elle ne peut en dépasser les deux tiers. Les appointements qui servent de base au calcul se composent non seulement du traitement fixe de l'instituteur, mais aussi de toutes les primes qui lui sont allouées : ainsi du traitement qui lui est accordé s'il enseigne dans une école d'adultes, de la valeur locative de l'habitation qui lui est donnée gratuitement par la commune ou de l'indemnité de logement qui la remplace s'il s'agit d'un instituteur placé à la tête d'une école. Seules, les allocations pour services extraordinaires ou à titre d'encouragement n'entrent pas en ligne de compte.

La contribution annuelle de l'instituteur est fixée à 2 p. c. de ses appointements calculés d'après les mêmes bases. Elle est versée dans les caisses de l'État.

L'instituteur qui désire toucher sa pension, doit en faire la demande. Elle lui est accordée par arrêté royal.

En 1892, l'État payait à d'anciens instituteurs 335.900 florins de pension ; la contribution des instituteurs rapportait la même année 182.434 florins.

Le gouvernement n'a pas organisé de service de pensions au profit des instituteurs des écoles privées.

Aussi diverses associations, tant catholiques que protestantes, qui poursuivent le développement de l'enseignement libre, ont-elles établi depuis de longues années, diverses caisses de pensions pour les instituteurs des écoles qu'elles patronnent.

Citons dans ce genre la caisse de pensions, établie en 1872, en faveur des instituteurs des écoles catholiques par l'association pour le développement de l'enseignement privé catholique dans le diocèse de Harlem. Cette caisse est alimentée non pas au moyen de contributions payées par les instituteurs, mais au moyen de versements annuels que l'association elle-même fait à leur profit, à raison de 16 florins par instituteur affilié. Ceux qui atteignent l'âge de 65 ans et qui ont quarante années de service touchent une pension dont le montant est de 8 florins pour chacun des versements annuels faits à leur profit.

L'association a versé en 1894, 4.800 florins au profit de 300 instituteurs affiliés.

Traitement d'attente. L'instituteur chef d'école qui, à la suite de la fermeture de son établissement, et l'instituteur ordinaire qui, pour la même cause ou par suppression de son poste, se trouvent sans place et ne remplissent pas les conditions requises pour la pension, reçoivent de l'État un traitement d'attente. Celui-ci est de la moitié des appointements dont jouissait l'instituteur ; les indemnités de logement ne sont pas comprises dans ce chiffre.

Ce traitement d'attente ne peut être servi pendant un temps indéfini : les instituteurs ne peuvent se créer des rentes au profit de l'État. Il n'est payé que pendant cinq ans aux instituteurs chefs d'école, et pendant deux ans aux autres instituteurs, qui peuvent trouver plus facilement une nouvelle place. Ils cessent d'ailleurs d'y avoir droit, s'ils sont nommés par l'État, la province ou la commune à une fonction dont les appointements sont égaux au traitement d'attente, ou s'ils ont refusé une pareille nomination, lorsqu'elle leur a été offerte. Si les appointements attachés à leur nouvelle charge étaient inférieurs à leur traitement d'attente, on continuerait à le leur servir, mais en le réduisant à la différence entre son chiffre et celui des appointements.

CHAPITRE IV

Des Dépenses.

Les dépenses de l'enseignement primaire public sont supportées par les communes et par l'État; elles sont couvertes en partie par la rétribution scolaire obligatoire.

La commune supporte les frais de son enseignement primaire, pour autant qu'ils n'incombent pas à d'autres, ou qu'ils ne sont pas couverts d'une autre manière (art. 45).

L'article 44 énumère les dépenses dont la commune doit nécessairement se charger. Ce sont :

a) Les traitements des instituteurs.

b) Les indemnités de logement payées aux instituteurs chefs d'école, qui ne reçoivent pas d'habitation de la commune.

c) Les subsides et les allocations pour la formation d'instituteurs.

d) Les dépenses pour les écoles d'adultes.

e) Celles pour l'érection, l'entretien ou la location d'écoles ou de maisons d'instituteurs.

f) Celles pour l'achat et l'entretien du mobilier de l'école, des livres et autres menus objets nécessaires à l'enseignement.

g) Celles pour l'éclairage, le chauffage et le nettoyage des locaux.

h) Celles pour l'inspection locale et pour l'organisation de concours.

i) Enfin celles pour les bibliothèques, pour les récompenses et les diplômes.

L'État accorde aux communes un subside proportionnel au nombre d'instituteurs enseignant dans leurs écoles, pour autant que leur présence est rendue obligatoire par la loi. Le Gouvernement, en basant le taux de sa contribution sur le nombre d'instituteurs, évitait les reproches trop fondés faits à la loi de 1878. Celle-ci mettait en quelque sorte le budget de l'État à la disposition des communes en intervenant à concurrence de 30 p. c. dans leurs dépenses. Elle favorisait, d'ailleurs, les communes riches qui, pouvant disposer de nombreuses ressources en faveur de leurs écoles, recevaient aussi de nombreux subsides, tandis que les communes pauvres, qui auraient dû être aidées dans une plus large mesure, ne recevaient que de bien maigres secours, proportionnels à leurs minces dépenses.

L'État paie aux communes, pour chaque année scolaire, le subside suivant :

1° Pour chaque instituteur, *placé à la tête d'une école,* un subside qui varie suivant le nombre d'élèves de cette école.

Si elle compte moins de 91 élèves	250 florins	
de 91 à 199	—	300 —
de 200 à 309	—	400 —
de 310 à 419	—	500 —
au-delà de 419	—	600 —

Cette proportionnalité entre les subsides de l'État et la population des écoles est fort équitable, car les traitements des instituteurs placés à la tête d'écoles fréquentées par un grand nombre d'élèves, sont nécessairement plus élevés que les traitements de ceux qui dirigent une école peu peuplée. Cette remarque s'applique, quoique dans une moindre mesure, aux autres instituteurs.

2° Pour chaque instituteur *assistant le chef de l'école,* si cette assistance est obligatoire:

Si l'école compte de 41 à 90 élèves, 150 florins; si elle a plus de 90 élèves, 200 florins.

Le subside est de 300 florins pour chaque instituteur-adjoint âgé de 23 ans au moins et possédant le rang d'instituteur en chef, dans les cas où la loi exige ces qualités.

Cependant si le nombre d'instituteurs dépasse le minimum exigible, l'État paie pour eux à la commune un subside extraordinaire qui est de 150 florins dans les écoles de moins de 90 élèves et de 200 florins dans celles qui ont de 91 à 309 élèves. Mais il ne l'accorde que pour un seul instituteur supplémentaire dans les écoles dont la population ne dépasse pas ce chiffre. Il l'octroie pour deux instituteurs supplémentaires, à raison de 200 florins pour chacun, si elle est plus considérable.

Cette dérogation était nécessaire pour éviter que certaines communes, qui, dans l'intérêt de l'enseignement primaire, avaient nommé un plus grand nombre d'instituteurs que ne l'exigeait la loi, ou dont une école perdait un certain nombre d'élèves, ne fussent obligées ou de les renvoyer, ou de les entretenir sans recevoir pour eux un secours de l'État.

La commune ne reçoit pas de subsides pour les instituteurs des écoles dont la rétribution s'élève à une moyenne d'au moins 80 florins par élève.

L'État accorde ses subventions pour une année entière; s'il se produisait une vacature, il ne paierait que pour le nombre de mois pendant lesquels la place a été occupée.

L'État intervient aussi pour un quart dans les dépenses faites par les communes pour l'établissement, la construction ou l'achat de locaux d'écoles. Le législateur a jugé utile de continuer la participation financière de l'État dans les frais de création de nouvelles écoles, comme sous la loi de 1878, plutôt que de porter à un chiffre plus élevé son subside pour les instituteurs. L'État y trouvait un double avantage. D'abord, de ne point perdre le bénéfice des dépenses qu'il avait faites dans ce but sous la législation antérieure, ce qui eût été inévitable avec la solution contraire; puisque les écoles déjà construites, en partie à ses frais, et pour lesquelles il n'avait plus rien à débourser avant longtemps, lui auraient occasionné de nouvelles dépenses pour leurs instituteurs. Le second avantage qu'il y trouvait, était de pousser les communes à élever de nouvelles écoles là où l'intérêt public l'exigeait, en ne leur en faisant pas supporter seules toutes les charges.

L'intervention de l'État est limitée au paiement du quart des dépenses qui incombent réellement et d'une manière définitive à la commune. Si celle-ci se procure des ressources pour construire une nouvelle école

par la vente des anciens locaux, ou par les dons qu'elle reçoit dans ce but, l'État bonifiera à la commune 25 p. c. de ses frais, déduction faite des bénéfices qu'elle s'est procurés par ces moyens.

Le subside que l'État accordait aux communes sous la législation précédente pour l'achat du mobilier scolaire, est supprimé. Il donnait lieu à trop d'abus et à de trop grosses difficultés. Malgré de nombreuses décisions ministérielles, les communes intéressées étaient sans cesse en conflit avec le Gouvernement.

Paiement des subsides de l'État. — Les Députations permanentes envoient chaque année, au mois de février, au Ministre de l'Intérieur, un relevé indiquant :

a) Le nombre d'enfants qui fréquentaient chacune des écoles de leur province au 15 janvier précédent.

b) Les matières enseignées dans ces écoles.

c) Le montant de la rétribution scolaire payée par les élèves de chacune d'elles.

d) Le nombre d'instituteurs dont la présence est requise par la loi.

e) Le nombre d'instituteurs employés dans chaque école au-delà de ce minimum, pour autant qu'il ne soit pas supérieur à celui que fixe l'art. 24.

f) Les subventions dues par l'État pour chaque école.

Le Ministre de l'Intérieur fixe, d'après ces bases, les subsides de l'État et donne communication de leur montant aux Députations permanentes. Chaque trimestre, il en paie, par anticipation, un quart à la commune.

Au mois de janvier suivant, les Députations permanentes envoient au Ministre de l'Intérieur un nouveau relevé de la situation des écoles pendant l'année antérieure, pour qu'il puisse contrôler si les subsides qui ont été payés répondent exactement aux conditions de la loi. S'il y a une différence entre le montant des sommes payées par l'État et celles effectivement dues, cette différence est portée au budget de l'année suivante à charge ou au profit de la commune suivant les circonstances.

C'est dans l'intérêt des petites communes qui n'ont que peu ou point d'argent disponible, qu'un arrêté royal du 13 décembre 1890, *Staatsblad* 184, a permis un paiement anticipatif de la part de l'État dans les traitements des instituteurs. Mais le subside de 25 p. c. accordé par l'État pour l'érection de nouvelles écoles ne se paie qu'aux échéances. L'arrêté royal que nous venons d'indiquer fixe, d'une façon minutieuse, les formalités à remplir par la commune, aux fins de se faire rembourser par l'État la part qui lui incombe dans ces dépenses.

Le Ministre de l'Intérieur fixe en dernier ressort le montant du subside de l'État; aucune disposition légale ne reconnait un appel à la Reine en cette matière.

L'État paie sa part dans les dépenses de constructions de nouvelles écoles, sans avoir le droit d'en discuter l'utilité. On a cru que son intervention serait contraire à l'économie de la loi, qui, non seulement veut que dans chaque commune il y ait un nombre suffisant d'écoles, mais qui autorise même les Etats Provinciaux à ordonner la construction de nouvelles écoles dans les communes peu soucieuses d'obéir à la loi.

Les wateringues et les provinces n'interviennent plus dans les dépenses de l'enseignement primaire. La règle n'est cependant pas absolue, au moins pour les wateringues. Elles restent tenues de payer une contribution à la commune pour les frais de son enseignement primaire, lorsque telle a été la condition mise à l'octroi du droit d'endiguement.

Rétribution scolaire. — Nous avons dit que la rétribution scolaire était obligatoire. L'art. 46 stipule, dans son paragraphe premier :

Art. 46. « Pour subvenir aux charges qui lui incombent, la » commune est obligée de prélever une rétribution d'au moins » 20 cents par mois sur chaque enfant qui fréquente l'école. » Il est fait exception pour les indigents et pour ceux qui, bien » que non indigents, ne peuvent payer une rétribution scolaire. » Les personnes peu aisées peuvent en être exemptées pour » partie ».

La loi ne fixe qu'un minimum de rétribution ; elle ne limite pas le droit des communes par un maximum. Elles peuvent l'élever autant qu'elles le veulent, pourvu qu'elle ne serve qu'à alléger leurs charges — *ter tegemoetkoming in de kosten*, dit l'art. 46 — et qu'elle ne soit en aucune façon une source de profits.

Les communes peuvent d'ailleurs proportionner la rétribution scolaire à la fortune des parents, sans toutefois pouvoir exiger des enfants les plus riches une rétribution qui dépasse le montant des dépenses que leur instruction impose à la commune : jamais les riches ne paient pour les pauvres.

Si plusieurs enfants d'une même famille fréquentent simultanément l'école publique, la commune peut diminuer en leur faveur le taux de la rétribution scolaire. Cette règle est communément suivie, aussi bien dans les écoles publiques que dans les écoles privées.

Le collège des bourgmestre et échevins désigne les enfants qui, pour cause d'indigence, peuvent recevoir gratuitement, ou moyennant une rétribution réduite, l'instruction dans les écoles publiques. Ce soin n'incombe pas aux conseils communaux qui n'interviennent même pas comme juridiction d'appel. Les indigents sont désignés nominativement et non par catégories de personnes exemptées de droit de la rétribution scolaire. On a trouvé que le système des catégories engendrerait trop facilement de nombreux abus. Cependant, par exception à cette règle, les enfants recueillis dans un orphelinat sont tous admis gratuitement dans les écoles publiques.

L'indigence donne par elle-même le droit de fréquenter gratuitement les écoles publiques ; le collège ne peut donc soumettre l'exercice de ce droit à d'autres conditions, telles qu'une certaine capacité, une application plus ou moins soutenue, un degré de connaissances plus ou moins élevé. Cette dernière condition est exigible, si l'on y soumet les enfants qui paient une rétribution scolaire. Au surplus, s'il y a plusieurs écoles publiques dans la commune, il est permis d'en affecter quelques-unes aux indigents admis gratuitement, pourvu que l'enseignement y soit aussi développé que dans les écoles payantes.

Le conseil peut arrêter que le paiement de la rétribution scolaire se fera par anticipation et interdire l'école à ceux qui ne se soumettent pas à cette mesure. Il peut établir aussi que l'instituteur percevra lui-même la rétribution, sauf à en rendre compte au receveur communal.

Si l'administration communale admet dans ses écoles des enfants d'une commune voisine, elle ne peut fixer pour eux une rétribution scolaire différente.

La loi impose à l'administration communale le devoir de favoriser autant que possible la fréquentation des écoles par les enfants de parents pauvres ou peu aisés ; mais elle lui défend d'entraver sous aucun prétexte la liberté des pères et mères d'envoyer leurs enfants dans une école privée. Rien ne serait plus contraire à l'esprit de la loi et à l'ordre public qu'une décision que prendraient les bureaux de bienfaisance pour soumettre la jouissance de secours à la fréquentation des écoles publiques.

La rétribution scolaire exigée des enfants qui fréquentent l'école publique est considérée comme un véritable impôt communal, dont l'assiette ne peut s'établir, dont la modification ou l'abrogation ne peuvent se faire, qu'en suivant les formalités prescrites par les art. 232 à 236 de la loi communale.

Le Conseil communal arrête l'impôt, le modifie ou l'abolit.

La Députation permanente en fait rapport à la Reine, qui accorde ou refuse son approbation, mais qui ne peut modifier l'arrêté communal.

Lorsqu'en matière de rétribution scolaire la Reine refuse son approbation, elle ne peut le faire que par avis motivé, le Conseil d'État entendu. Ces formalités ne sont pas requises pour un impôt ordinaire.

La perception de la rétribution scolaire se fait aussi d'après les règles établies pour la perception des autres impôts communaux.

Si la rétribution varie d'après la fortune des parents, les rôles qui en indiquent le montant doivent, comme pour toute autre rétribution directe, être soumis à l'examen du public.

Si une commune exigeait de ceux qui fréquentent ses écoles publiques une rétribution scolaire trop élevée, le Ministre de l'Intérieur pourrait intervenir et user de son influence pour la faire diminuer. Il pourrait même, en vertu des dispositions citées plus haut, proposer à la Reine de refuser son approbation à l'arrêté communal. Dans ce cas, il n'y aurait pas d'arrêté et, par conséquent, pas de rétribution scolaire. Le Ministre jouirait du même droit s'il trouvait la rétribution trop minime, alors même qu'elle dépasse 20 cents par mois. Mais son droit ne va pas au delà ; il ne pourrait forcer directement la commune à diminuer ou à augmenter son chiffre, — s'il est supérieur à 20 cents, — puisqu'elle reste dans les termes de la loi.

Les rétributions scolaires sont généralement peu élevées ; elles rapportèrent, en 1892, aux communes 1.805.759 florins, ce qui équivaut à une moyenne de 3.22 florins par enfant.

Subsides extraordinaires. — Toutes les dépenses de l'enseignement primaire public qui ne sont point supportées par l'État, ou qui ne sont pas couvertes par la rétribution scolaire restent à la charge de la commune. Elles sont parfois considérables et généralement trop lourdes pour le budget municipal. Aussi la loi autorise-t-elle le gouvernement à accorder des subventions temporaires aux communes qui n'ont pas les ressources suffisantes pour organiser convenablement leur enseignement primaire. Le gouvernement dispose de ces subsides selon son bon vouloir. Mais, ces dernières années, il a fait de ce droit un usage de plus en plus large. Car les communes supportent avec difficulté les charges que leur impose l'enseignement public et ne cherchent guère à les alléger en augmentant, dans des proportions raisonnables, le taux de la rétribution scolaire.

En 1892, l'Etat a accordé aux communes 310.000 florins de subsides extraordinaires, soit 88.000 florins de plus que pendant l'année précédente. Certaines communes reçoivent de l'Etat sous cette forme, le remboursement de plus de 80 p. c. de leurs dépenses.

LIVRE TROISIÈME.

ENSEIGNEMENT PRIVÉ.

---

§ 1er. — Notions générales.

Nul ne peut donner l'enseignement dans une école privée ou à domicile, s'il ne possède :

1° Un diplôme de capacité.

2° Un certificat de moralité semblable à celui exigé des instituteurs officiels et délivré par les mêmes autorités.

3° Une attestation que ces pièces ont été visées et reconnues authentiques par le collège échevinal de la commune dans laquelle l'instituteur doit enseigner. Le collège donne son visa endéans les quatre semaines. Il ne peut le refuser si les pièces sont authentiques, alors même que la moralité de l'instituteur lui serait suspecte. Celui auquel on refuse les certificats peut en appeler à la députation permanente et à la Reine.

Chaque érection d'une nouvelle école, chaque apposition de visa sur les certificats d'un instituteur doivent être immédiatement portées à la connaissance de l'inspecteur de district.

L'instituteur qui se permettrait d'enseigner, sans posséder les pièces nécessaires, serait passible d'une amende de 50 florins; cette amende pourrait être portée à 100 florins en cas de récidive dans les deux ans ou être remplacée par 15 jours de prison; la la peine pourrait même être élevée à une année de prison, si l'on constatait une troisième faute.

La députation permanente, sur la proposition du collège échevinal, peut enlever à un instituteur la capacité d'enseigner, s'il donne un enseignement contraire aux lois ou aux bonnes mœurs, s'il se méconduit ou s'il se rend coupable de faute grave. Mais elle ne peut le révoquer : ce droit n'appartient qu'aux chefs particuliers de l'école privée. Toutes les écoles privées subsidiées ou non subsidiées sont soumises à l'inspection scolaire.

§ 2. — Écoles privées non subsidiées.

L'instituteur qui dirige les leçons doit être âgé de vingt-trois ans et posséder le rang d'instituteur en chef. La même personne peut se trouver en même temps à la tête de plusieurs écoles.

Lorsqu'une place de directeur devient vacante, elle ne peut être confiée à un instituteur qui ne possède pas ces qualités que pendant un maximum de six mois. On peut enseigner à l'école privée toutes les mêmes branches obligatoires et facultatives qu'à l'école publique. On pourrait même y enseigner d'autres branches, telle l'histoire biblique, considérée soit comme une partie de l'histoire générale, soit comme instruction religieuse. La loi ne s'occupe pas de l'instruction religieuse qu'on y donne; l'instituteur possède à cet égard la plus grande liberté.

§ 3. — Écoles privées subsidiées.

A. Par les communes. — La loi de 1878 permettait aux communes de subsidier les écoles privées dans lesquelles on enseignait, toutes les branches facultatives, les langues modernes et les mathématiques. Ces écoles devaient être neutres et satisfaire aux conditions que stipulait la loi pour les locaux d'écoles publiques.

On comprend que ces écoles étaient peu nombreuses, à raison même des conditions auxquelles elles étaient soumises.

La loi de 1889 autorise les communes à continuer leurs subsides aux écoles qui en jouissaient déjà, pourvu qu'elles n'en augmentent pas le nombre et qu'elles ne changent rien aux conditions particulières établies par cette loi.

Aussi, le nombre de ces écoles décroit-il rapidement: elles étaient 57 en 1889; elles ne sont plus que 36 en 1892.

B. Par l'Etat. — Nous avons établi, dans l'introduction, les motifs de justice distributive qui poussèrent le législateur de 1889 à subsidier les écoles privées au moyen des fonds de l'Etat; mais il a entouré l'octroi de ces subsides de certaines conditions, qui lui donnent l'assurance que les écoles qui en jouissent sont érigées de façon à donner un enseignement convenable.

Ces conditions sont nombreuses :

Les écoles doivent se trouver sous la direction d'une institution ou d'une association qui possède la personnalité civile. Elles doivent être dirigées par un personnel enseignant suffisant. Leur enseignement, donné pendant un minimum de 18 heures par semaine, suivant un règlement pourvu du visa de l'inspecteur, doit s'étendre au moins à toutes les branches déclarées obligatoires par la loi.

1° Toutes les associations, quelles qu'elles soient, peuvent obtenir la personnification civile, sans la moindre difficulté, pourvu qu'elles ne soient pas contraires à l'ordre public, c'est-à-dire, qu'elles n'aient pas pour but de provoquer à la désobéissance aux lois ou aux règlements, de pousser à la corruption des mœurs, de troubler l'exercice des droits des particuliers.

Si l'association (*universitas personarum*) est constituée pour une durée indéterminée ou pour plus de trente ans, la reconnaissance civile lui est accordée par une loi. Il suffit, dans le cas contraire, d'un arrêté royal. (*Loi du* 22 *avril* 1855.)

La personne morale constituée par l'affectation d'un bien ou d'une somme d'argent à un but déterminé (*universitas rerum*) n'a pas même besoin d'une reconnaissance quelconque.

La reconnaissance se fait par l'approbation des statuts ou règlements de l'association. Ces statuts ou règlements contiennent le but, les fondements, la sphère d'activité et les autres règles de l'association.

La reconnaissance ne sera refusée par la Reine que sur des motifs déduits de l'intérêt général. L'arrêté de refus sera motivé (art. 6 et 7 même loi).

On ne cite aucun exemple de refus basé sur des motifs de haine antireligieuse.

Les personnes civiles peuvent contracter, acquérir des biens, etc. En cas de dissolution, leur actif est distribué à ceux qui, à ce moment, étaient membres de l'association. Les écoles appartenant à une personne civile sont libérées de la contribution foncière.

Il ne semble guère à craindre que ce droit si étendu conféré aux associations, engendre de graves abus et que certaines d'entre elles s'en servent pour propager des doctrines funestes ou antisociales. Des associations qui poursuivraient ce but se verraient refuser la personnification civile, comme nous venons de le dire, et l'eussent-elles obtenue qu'elles pourraient encore être dissoutes comme contraires à la loi. S'il s'agissait, d'ailleurs, d'une association ayant pour but l'enseignement, la Députation permanente pourrait enlever à l'instituteur la capacité d'enseigner.

Les associations les plus diverses jouissent de la personnification civile : paroisses, associations religieuses, sociétés d'agrément, associations charitables; les sociétés de Saint-Vincent de Paul, entre autres, possèdent des écoles nombreuses et florissantes. Remarquons, au surplus, que les paroisses (*Kerkelijke gemeenten*) des confessions religieuses qui existaient au moment du vote de la loi sur la personnification civile en 1855, jouissent de la personnification par le fait même de leur érection.

Il ne se passe guère de semaine où l'une ou l'autre société ne réclame et n'obtienne la personnalité civile.

Lors de la discussion de la loi, on se demanda si les évêques pourraient prétendre aux subsides octroyés aux écoles privées de leur diocèse qui dépendent des autorités religieuses. Cette question reçut une réponse négative pour le cas où les écoles érigées par des paroisses ou des associations paroissiales de charité se trouvent sous la dépendance directe des autorités paroissiales.

Il n'est pas nécessaire que les locaux de l'école soient la propriété de l'association. Une telle obligation mettrait les associations peu riches, qui ne peuvent que louer leurs locaux, dans une position d'infériorité vis-à-vis des associations riches, qui en ont la propriété.

2° Toutes les écoles subsidiées par l'État doivent être dirigées par un instituteur possédant le titre d'instituteur en chef et âgé de vingt-trois ans au moins. C'est là d'ailleurs, comme nous l'avons déjà indiqué, une condition commune à toutes les écoles, tant publiques que privées. Mais le chef d'une école libre subsidiée ne peut, comme le chef d'une école non subsidiée, diriger en même temps plusieurs écoles, sous peine de leur faire perdre à toutes le droit aux subsides. La loi exige qu'il y ait à la tête de chacune de ces écoles un chef différent.

L'instituteur chef de l'école doit être assisté d'instituteurs ordinaires dont le nombre, proportionnel au nombre d'élèves, est fixé d'après l'échelle établie pour les écoles publiques à l'article 24. Cependant, la loi ne doit sortir ses pleins effets en ce qui concerne ce point qu'au 1er janvier 1899. On a cru qu'il était équitable de laisser aux écoles libres qui voulaient jouir du subside, le temps nécessaire pour s'organiser sérieusement et pour former de nouveaux instituteurs.

La loi se contente du diplôme d'instituteur ordinaire pour tous les instituteurs-adjoints des écoles privées quel que soit leur nombre, dérogeant ainsi à l'art. 24 al. 3, qui exige que dans les écoles qui ont plus de 3 instituteurs-adjoints un de ceux-ci possède le titre d'instituteur en chef, et que dans celles qui en ont plus de 6, deux possèdent ce titre.

C'est d'après la population scolaire à la date du 15 janvier que se règle le nombre d'instituteurs dont la présence est obligatoire puisque c'est à cette date qu'on se reporte pour fixer le montant des subsides.

La nomination des instituteurs des écoles privées appartient, sans contrôle aucun, à l'institution dont l'école dépend.

Les vacatures ne peuvent dépasser la durée de 6 mois pour le chef de l'école et de 4 mois pour les autres instituteurs. C'est la même règle que pour les écoles publiques. Si cette condition n'était pas remplie et si la vacature dépassait ce terme, l'école serait privée de tout subside quelconque pour l'année entière. Cette règle semble trop rigoureuse aux partis religieux. Les écoles libres ne trouvent pas toujours, dans le terme fatal, un instituteur disposé à reprendre la place devenue vacante. Aussi, pour parer aux inconvénients de ce système, M. de Savornin Lohman vient-il de déposer sur le bureau de la deuxième Chambre un projet de loi, amendant cette règle en ce sens que la Reine pourra accorder une dispense aux écoles qui n'ont pu trouver un instituteur dans le terme fixé, malgré l'offre d'un traitement raisonnable.

L'enseignement doit embrasser toutes les branches mentionnées à l'art. 2, comme branches obligatoires; exception est faite pour les travaux manuels, si les enfants qui fréquentent l'école ont l'occasion de se former ailleurs d'une manière satisfaisante. Mais le directeur de l'école doit prouver que cette occasion existe et donner à ce sujet dans le règlement des indications suffisantes. Remarquons que si une administration communale établissait des écoles spéciales pour les travaux manuels, elle ne pourrait y admettre les enfants des écoles libres de façon à décharger celles-ci de l'obligation de les faire enseigner; car cette admission serait considérée comme un subside indirect donné par la commune à ces écoles.

Les branches indiquées à l'art. 2, (litt. *l.-t.*) sont facultatives. On peut les enseigner, mais on n'y est jamais obligé.

L'école jouit aussi de la plus entière liberté en ce qui concerne l'enseignement religieux; celui-ci ne peut être l'objet de la moindre entrave; les inspecteurs ne peuvent pas même s'en occuper.

4° L'enseignement des branches obligatoires doit être donné pendant au moins 18 heures par semaine, dont 2 au maximum peuvent être consacrées aux travaux manuels.

On a dû établir cette condition pour éviter que certaines écoles ne négligeassent les branches ordinaires de l'enseignement au profit des travaux manuels. Mais dans les écoles où l'on donne plus de 18 heures de classe par semaine, et c'est la règle, on peut consacrer à l'enseignement de cette branche les heures qui dépassent le minimum.

Ceux qui dirigent l'école fixent l'époque et la durée des vacances d'une façon absolument indépendante. La loi n'établit aucune règle à ce sujet. Elle se confie volontiers à la surveillance des parents pour empêcher les abus. Ce serait verser dans une étrange erreur que de croire que les écoles privées pourraient les prolonger indéfiniment, sans perdre la confiance des parents. On ne connait, d'ailleurs, pas d'abus de ce genre.

Toutes les écoles subsidiées doivent posséder un règlement dont elles ne peuvent s'écarter et qui indique quelles sont les branches enseignées à l'école et quels sont les jours et heures consacrés à chacune d'elles. Chaque année, avant l'ouverture des classes, le directeur de l'école le communique à l'inspecteur d'arrondissement. Dans les dix jours, celui-ci y applique son visa s'il est conforme à la loi, c'est-à-dire qu'il examine si toutes les branches obligatoires sont enseignées pendant un nombre suffisant d'heures, si mention est faite des jours de fête et de vacances, si les prescriptions légales sur les travaux manuels des filles sont suivies. Mais son droit ne s'étend pas au-delà de l'examen de ces points, il ne peut donc dégénérer en tyrannie. Si le règlement n'était pas conforme à la loi, l'inspecteur refuserait son visa et le renverrait au directeur de l'école pour qu'il le modifie; l'inspecteur n'a qu'un droit de contrôle, il ne peut donc modifier lui-même le règlement.

Ne peuvent prétendre aux subsides de l'État :

1° Les écoles dont le nombre d'élèves âgés de plus de six ans ne dépasse pas 25. Cette mesure écarte les écoles gardiennes qui chercheraient à obtenir des subsides en se faisant passer pour écoles primaires;

2° Les écoles dont la rétribution scolaire atteint une moyenne de 80 florins par an et par élève; car elles peuvent abondamment se suffire à elles-mêmes. Remarquons que les écoles subsidiées peuvent être gratuites, même pour ceux qui ne sont pas indigents; mais en pratique, ces écoles n'abusent pas de leur droit de décréter la gratuité absolue; elles sont heureuses de trouver dans la rétribution scolaire, si restreinte soit-elle, un supplément de ressources qui leur est généralement indispensable;

3° Les écoles qui sont érigées en vue de faire des profits. L'État ne pourrait intervenir légitimement pour subsidier une affaire d'intérêt privé. L'enseignement sera considéré comme une profession lucrative, lorsque l'école aura été érigée, non dans le but de procurer l'instruction à des enfants, mais dans celui de faire vivre l'instituteur et de lui assurer des bénéfices.

Le montant de la rétribution scolaire et les circonstances qui entourent l'érection de l'école seront les critériums auxquels on reconnaîtra le but de l'institution. Mais la preuve qu'elle n'a pas été érigée dans un but de lucre, n'incombe pas à ses directeurs. Elle n'aura pas droit au subside, si la Députation permanente établit, d'une façon péremptoire, que l'école n'a été instituée que dans un but de lucre.

L'Etat accorde aux écoles libres qui se trouvent dans les conditions que nous venons d'énumérer, des subsides égaux à ceux qu'il accorde aux écoles publiques pour leurs instituteurs, c'est-à-dire proportionnés au nombre de ceux qui enseignent réellement à l'école.

Mais à ces subsides se limite son intervention. Les écoles libres ne reçoivent pas de secours extraordinaires ; elles ne peuvent prétendre non plus au remboursement du quart des dépenses qui se font pour l'érection de nouvelles écoles. Le gouvernement se refusa à intervenir en cette matière prétextant qu'il eût été contraire à l'intérêt bien compris des établissements libres de leur octroyer cette faveur, parce qu'à son avis elle eût eu comme suite de nouveaux règlements sur la construction des écoles libres, et, par conséquent, une diminution de liberté et de nouvelles dépenses.

Un arrêté royal du 19 février 1890, *Staatsblad* 28, règle la procédure que doivent suivre les écoles privées qui désirent obtenir un subside.

Chaque année, au 1er janvier, elles envoient leur demande à la Députation permanente. Elle est rédigée de façon à lui permettre de juger si l'école remplit les conditions requises, et dans ce cas, d'en déterminer le montant.

La demande comprendra donc:

Le nom de l'association jouissant de la personnalité civile à laquelle appartient l'école.

L'indication des branches enseignées.

L'indication du nombre d'enfants qui la fréquentaient à la date du 15 janvier de l'année écoulée, ou deux mois après l'ouverture de l'école, si celle-ci n'existait pas à cette date.

C'est ce nombre là qui doit être indiqué, alors même que la population de l'école eût varié dans de notables proportions pendant le cours de l'année.

La demande mentionne aussi le montant total de la rétribution scolaire et la répartition moyenne par élève.

Enfin, le nombre des instituteurs, leur nom, leur âge, leurs diplômes.

Ils y ajoutent la déclaration que leur école n'est pas fondée dans un but lucratif.

La Députation permanente, ainsi régulièrement saisie, examine la demande avec un soin scrupuleux. Elle s'entoure, à cet effet, des rapports que les inspecteurs de district lui envoient et décide, avant le 1er mai, sur les demandes qui lui ont été adressées. Si l'école se trouve dans les conditions requises pour l'obtenir, elle en fixe le montant et communique sa décision au Ministre de l'Intérieur, à l'Inspecteur général du ressort, à la direction de l'école intéressée.

La délibération de la Députation permanente ne porte pas sur la qualité de l'enseignement, mais seulement sur l'exécution des conditions formulées par la loi à l'art. 54*bis*. Elle ne peut s'étendre à autre chose.

Le Commissaire de la Reine dans la province, l'Inspecteur général, la direction de l'école peuvent en appeler à la Reine contre la décision de la Députation permanente. S'ils ne l'ont pas fait dans le mois, sa décision devient définitive et le Ministre compétent accorde les subsides. En cas d'appel, la Reine tranche souverainement le différend.

Il y avait au 31 décembre 1892 :

1.331 écoles privées fréquentées par 205.378 enfants, dont 91.033 garçons et 114.345 filles.

36 écoles privées étaient subsidiées par la commune et, par conséquent, n'étaient pas confessionnelles ; elles recevaient 43.825 florins.

1.295 écoles étaient confessionnelles, dont 1.022 seulement, subsidiées par l'État, recevaient 785.274 florins.

Les écoles privées confessionnelles se divisaient comme suit, entre les divers cultes :

575 écoles catholiques.

685 écoles protestantes, dont 558 affiliées à l'association « *De unie* ». « *Eene school met den Bijbel* »

11 écoles israëlites.

24 écoles qui ne peuvent être rangées sous une de ces rubriques.

Tableau indiquant le montant des dépenses et des recettes de l'État et des communes pour l'enseignement primaire pendant l'année 1892.

ÉTAT. — *Dépenses.*

Inspection scolaire . . . . . . fl.		147,190 26
Formation d'instituteurs :		
Écoles normales de l'État	344,377 94	
Subsides aux écoles normales communales	40,864 82	
Subsides aux écoles normales privées.	46,312 50	
Cours normaux de de l'État . . .	400,456 93	
Subsides aux cours normaux privés et aux instituteurs chefs d'école . .	29,900 »	
		861,912 19
A reporter. . .		1,009,102 45

Report. . fl.	1,009,102 45
Entretien des bibliothèques des inspecteurs d'arrondissement . . .	6,922 90
Écoles primaires de l'État. . . .	14,428 02
Subsides aux communes remplaçant les anciens traitements payés par l'État	72,800 »
Indemnité aux communes en vertu de l'article 45, y compris le solde de l'année 1890.	3,520,519 97
Subsides extraordinaires aux communes en vertu de l'article 49. .	310,000 »
Subsides aux écoles privées en vertu de l'article 54bis.	785,274 10
Pensions	335,900 »
Traitements d'attente	4,371 16
Divers	111,351 18
TOTAL . . fl.	6,170,669 78

Recettes.

Rétributions scolaires prélevées dans les écoles d'apprentissage jointes aux écoles normales de l'État. .	13,053 65
Versements des instituteurs pour le service des pensions	182,454 26
Droits d'inscription aux examens. .	32,929 »
TOTAL . . fl.	228,456 91

COMMUNES. — *Dépenses.*

Personnel enseignant . . . . . fl.	9,140,230 02
Indemnités de logement	155,330 25
Érection de nouvelles écoles . . .	2,411,247 »
Entretien des écoles	504,991 16
Mobilier des écoles.	743,970 98
Chauffage et éclairage	503,909 94
Commissions locales d'inspection. .	18,276 23
Concours entre candidats aux places vacantes de chefs d'école publique	11,108 86
Subsides aux écoles privées (neutres).	43,825 82
Formation d'instituteurs	166,396 86
Indemnités à payer à des communes voisines	58,755 37
Dépenses faites pour favoriser la fréquentation des écoles	40,464 59
Divers	118,538 25
TOTAL . . fl.	13,917,037 33

Recettes.

Rétributions scolaires . . . . . fl.		1,505,759 45
Subsides de l'État :		
1. Remplaçant les anciens traitements payés par l'État.	72,800 »	
A reporter. . .	72,800 »	1,505,759 45

Report. . fl.	72,800 »	1,505,759 45
2. En vertu de l'article 45 y compris solde de 1889.	3,435,973 42	
3. En vertu de l'article 49	310,000 »	
		3,818,773 42
Indemnités payées par des communes voisines		58,696 50
Revenus de fonds particuliers . .		40,543 01
Total . . fl.		5,423,772 38

CONCLUSION

§ I. — État de l'enseignement primaire.

Nous venons d'examiner, dans une série de chapitres, le mécanisme de la loi de 1889 sur l'enseignement primaire; il nous reste à tirer de courtes conclusions de cet exposé, et à voir si la loi a répondu à l'attente de ses promoteurs ou si elle a justifié les craintes de ses adversaires.

Ses promoteurs la présentaient comme une mesure de transaction destinée à mettre fin à la guerre scolaire; ses adversaires voyaient en elle une arme destinée à frapper de mort l'enseignement public. La guerre scolaire a pris fin et l'enseignement public reste toujours prospère.

Certes, on peut discuter les bases choisies pour l'octroi du subside; on peut leur préférer d'autres solutions. Le législateur n'a pu réaliser dès la première fois, en une matière aussi nouvelle, une œuvre parfaite; mais il a incontestablement ramené la paix sur le terrain scolaire par les subsides qu'il a accordés aux écoles privées et par la suppression de la gratuité des écoles publiques.

Ce résultat est énorme. Il équivaut à lui seul à un succès pour la loi et il prouve, au surplus, que les différents partis politiques n'ont pas le droit d'exprimer des plaintes trop amères.

Il n'est guère possible d'assigner dès à présent les conséquences produites par la nouvelle législation sur le développement de l'enseignement primaire. Elle n'est pratiquée que depuis 1890. Qu'il nous suffise de dire que les rapports des inspecteurs constatent que la situation de l'enseignement est généralement satisfaisante, quoiqu'elle laisse parfois à désirer dans les campagnes, surtout dans celles du Limbourg, où les enfants fréquentent les écoles d'une façon irrégulière et pendant un trop petit nombre d'années.

Les écoles publiques continuèrent à se développer d'une façon normale : au nombre de 2952 au moment de la mise en vigueur de la loi, elles étaient 2993 au 1er janvier 1893. Leur population s'élevait à 454.926 enfants au 1er janvier 1890, à 466.910 au 1er janvier 1893.

Les écoles libres prirent, grâce aux subsides, un nouvel essor ; leur nombre s'augmenta ; leur enseignement s'améliora d'une façon très sensible (¹) ; car celles qui aspiraient au subside firent un règlement et donnèrent ainsi leurs leçons avec plus de régularité. Elles enseignèrent les branches obligatoires ; les écoles de filles ne sacrifièrent plus l'enseignement des branches essentielles, telles que la lecture et l'écriture, aux seuls travaux manuels. Partout on s'attacha à améliorer les locaux qui, faute de ressources, se trouvaient souvent dans un état déplorable.

(¹) Cette amélioration se trouve constatée dans les rapports officiels et nous a été confirmée par plusieurs personnes bien au courant de l'état de l'enseignement privé.

L'enseignement libre confessionnel était donné, à la date du 1er janvier 1890, dans 1.206 écoles à 184.803 élèves et, au 1er janvier 1893, dans 1.295 écoles à 203.916 élèves.

Mais les dépenses occasionnées par l'enseignement continuent à grever lourdement le budget de l'État et surtout celui des communes. Elles s'élevaient, en 1889, *déduction faite des recettes,* à 4.374.451 florins pour l'État et à 6.823.219 pour les communes.

En 1892, à 5.857.686 florins pour l'État et 8.493.265 pour les communes.

§ II. — La loi de 1889 et les partis politiques.

Nous pouvons distinguer trois grands partis en Hollande, si nous prenons pour base la question de l'enseignement. Les libéraux, partisans de l'école publique, les catholiques et les antirévolutionnaires, défenseurs de l'école libre, et les socialistes qui sont, eux aussi, défenseurs de l'école libre, mais qui ne peuvent admettre toutes les conditions auxquelles la loi subordonne l'octroi des subsides.

Le parti libéral dont certains chefs, et non des moins influents, s'étaient déclarés, à maintes reprises, hostiles à l'octroi de subsides aux écoles privées, subit actuellement, quoique majorité, la loi combattue par une partie de ses membres ; il ne songe guère à s'en plaindre et encore moins à revenir sur ce qui a été fait. Car les inconvénients et les dangers qu'il redoutait ne sont pas survenus.

Les hommes les plus éminents du parti reconnaissent volontiers que l'obligation de percevoir une rétribution scolaire, qui a été imposée aux seules écoles publiques, n'offre, en pratique, aucun inconvénient.

Les écoles libres ne peuvent abuser de leur droit de décréter la gratuité, car elles ont besoin de prélever une rétribution pour se soutenir. Le minimum de rétribution obligatoire est, d'ailleurs, fort peu élevé; enfin cette disposition de la loi est appliquée avec tant de modération que, loin d'enlever des élèves aux écoles publiques, elle suscite plutôt les critiques des partisans de l'enseignement privé.

Le principe de l'instruction obligatoire est inscrit depuis de longues années au programme libéral. En 1892, on agita vivement cette question; on en parle moins aujourd'hui; d'autres soucis occupent, d'ailleurs, le ministère, et il est probable que bien du temps s'écoulera encore avant qu'il présente un projet dans ce sens.

Faisons remarquer qu'il est dans le parti libéral une catégorie assez nombreuse de personnes qui restent hostiles à l'enseignement confessionnel et ne peuvent admettre qu'il soit subsidié par l'État. Mais ces idées ne concordent point avec les tendances actuelles, pleines de tolérance et il ne saurait être question de revenir sur ce principe posé par la loi de 1889.

Les partis confessionnels, catholique et antirévolutionnaire, défenseurs de l'enseignement libre, se déclarent reconnaissants envers le Gouvernement de 1889 pour la loi qu'il fit voter, mais ne se tiennent pas pour satisfaits : *Dankbaar maar niet voldaan*, sont les termes qu'ils consacrent à l'appréciation de la loi.

Ils la considèrent comme un premier pas dans la voie de l'égalité complète entre les écoles publiques et les écoles privées, leur idéal. Mais ce premier pas est important et sa réalisation a été pour eux une immense victoire. Les écoles privées avaient le droit de vivre sous les législations antérieures ; mais leur éclosion était souvent contrecarrée par le pouvoir, particulièrement sous la loi de 1878.

Aujourd'hui, loin d'être combattues par le Gouvernement, elles sont aidées de ses subsides. Ceux-ci s'élevaient, en 1892, à 785.274 florins. Leur situation reste néanmoins difficile et elles ne peuvent se soutenir que grâce aux secours qu'elles reçoivent des particuliers.

Le subside que l'Etat accorde, soit aux communes, soit aux écoles privées, pour chacun de leurs instituteurs, équivaut à la somme de 5 florins par élève. Or, le coût annuel d'un élève est évalué à 20 florins. L'Etat n'intervient donc que pour un quart dans les frais de l'enseignement privé, et les institutions libres doivent couvrir les trois quarts restants de leurs dépenses par le prélèvement d'une rétribution scolaire et par les dons qu'elles reçoivent des particuliers.

Cette dernière source de revenus est la seule sérieuse pour les écoles fréquentées par des enfants de la classe peu aisée. Elles doivent se contenter d'une rétribution scolaire modique, si elles veulent soutenir une honnête concurrence contre les écoles publiques. Celles-ci fixent généralement l'écolage au minimum, même pour les enfants qui sont dans l'aisance, et elles reçoivent gratuitement les indigents.

Les écoles libres ont plutôt, par la force des choses, l'habitude de prélever une rétribution scolaire plus élevée que les écoles publiques. Mais la différence ne peut jamais être considérable : quelques cents à peine pour les indigents, quelques florins pour les riches.

On peut donc affirmer, sans être taxé d'exagération, que plus de la moitié des dépenses de l'enseignement privé reste à charge de ses organisateurs. Ils les couvrent par les aumônes qu'ils recueillent et par les legs qu'ils reçoivent. Certaines associations possèdent des écoles pour les enfants riches et des écoles pour les enfants pauvres. Dans les premières, elles peuvent parfois fixer la rétribution scolaire à un taux assez élevé pour en tirer un certain bénéfice qu'elles affectent à l'entretien de leurs écoles pauvres. Néanmoins, la charité privée doit toujours intervenir dans une très large mesure pour soutenir les associations d'enseignement, tant catholiques que protestantes. Les sociétés de St-Vincent de Paul d'Amsterdam, dépensèrent en 1893, pour leurs écoles pauvres, 31.759 florins, dont 8.558 seulement furent couverts par les subsides de l'Etat.

La fédération protestante « *De Unie : Eene school met den Bijbel* » recueillit, en 1893, environ 77.000 florins pour les nombreuses écoles qu'elle soutient.

Les partisans de l'enseignement privé n'ont pas seulement à en supporter dans une large mesure les dépenses, ils ont encore à participer comme contribuables, soit pour la commune, soit pour l'Etat, aux 9/10 des frais de l'enseignement public, car la rétribution scolaire de ces écoles, c'est-à-dire la part payée par ceux-là seuls qui en jouissent, ne s'élève qu'à 1/10 des dépenses.

Ils ont, en outre, à supporter seuls les frais de construction de leurs écoles, se trouvant ainsi moins favorisés que les communes auxquelles l'État rembourse 25 p. c. des dépenses qu'elles font pour établir de nouvelles écoles publiques.

Il y a sur ce point une inégalité que le législateur de 1889 chercha à justifier, mais qui semble criante aux partisans de l'école privée : aussi demandent-ils son redressement et réclament-ils que l'Etat intervienne aussi pour un quart dans les frais de construction de leurs écoles.

Quelques chefs du parti anti-révolutionnaire élaborent en ce moment un projet de revision de la loi sur l'enseignement primaire qui est d'une grande importance et qui vise à réaliser l'égalité la plus complète entre toutes les écoles. Ce projet ne pourrait recevoir une réalisation immédiate ; il est plutôt l'expression d'une tendance, la mise en formule de l'idéal à atteindre et vers lequel tendront leurs efforts dans l'avenir. Il est d'ailleurs conforme aux principes traditionnels du parti antirévolutionnaire, hostile à l'ingérence de l'Etat en matière d'enseignement.

Ce projet confie l'organisation de l'enseignement

primaire aux institutions privées et aux particuliers. Il décharge, de ce soin, les pouvoirs communaux qui n'auront à intervenir que dans les localités dépourvues d'un nombre suffisant d'écoles. Toutes les dépenses quelconques de l'enseignement primaire sont à la charge de l'Etat, qui octroie de larges subsides aux écoles privées, de façon à couvrir tous leurs frais. Mais l'Etat n'intervient pas comme pouvoir enseignant.

Les auteurs du projet espèrent supprimer, par ce moyen, l'enseignement officiel ; ils supposent que l'initiative privée saura élever des écoles dans toutes les localités, le jour où la crainte de ne pouvoir en couvrir les dépenses n'y mettra plus d'entraves. Au surplus, si des communes doivent intervenir pour créer des écoles, elles le feront aussi aux frais de l'Etat et elles pourront leur donner un caractère confessionnel, si tel est le désir de tous les parents qui y envoient leurs enfants.

Les frais énormes que cette organisation de l'enseignement primaire imposerait à l'État, seraient couverts au moyen d'un impôt scolaire spécial.

Les partis religieux sont généralement hostiles à l'instruction obligatoire. Mais beaucoup de leurs membres ne se refuseraient pas à un examen sérieux de la question, parce qu'ils considèrent que l'enseignement primaire peut singulièrement favoriser l'enseignement religieux et parce qu'à leurs yeux, dans l'état actuel de la société, l'ignorance constitue un grave danger, les gens dépourvus de toute instruction se laissant trop facilement entraîner par des meneurs. Mais ils exigent comme condition préalable essentielle, que l'État subsidie davantage les écoles privées et sauvegarde la liberté de conscience en en donnant aux parents, obligés de faire instruire leurs enfants, toutes les facilités pour les envoyer dans des écoles de leur choix.

Nous avons dit que les *socialistes* réclament aussi l'enseignement libre; mais ils repoussent complètement le système de la loi de 1889, à cause des conditions qu'elle impose à l'enseignement privé et parce qu'elle établit une école officielle.

Les conditions auxquelles le législateur a subordonné l'érection des écoles privées empêchent, en fait, les socialistes d'en établir. Ils ne peuvent, en effet, obtenir pour leurs associations la personnification civile, condition essentielle de l'octroi des subsides, puisqu'on les considère comme poursuivant un but contraire aux lois, c'est-à-dire, le renversement de l'ordre social existant. Ils ne sauraient donc établir que des écoles non subsidiées, dont l'entretien est trop onéreux et qui seraient, d'ailleurs, exposées à toutes les rigueurs de la loi, si leurs instituteurs s'avisaient d'enseigner ouvertement leurs théories.

Les socialistes, hostiles à l'enseignement confessionnel, n'ont donc d'autre ressource que l'école publique.

Mais celle-ci est neutre et « *l'école neutre est une école sans vie, sans âme ; c'est une école automate* » (¹).

(¹) La société Nouvelle, 10ᵉ *année, février* 1894, page 142. *L'école libre*, par Domela Nieuwenhuys. C'est une réponse à des articles parus dans le journal belge *Le Peuple*, sur l'école neutre.

Ils trouvent, d'ailleurs, que décréter la neutralité de l'école officielle est un acte de suprême intolérance, non seulement à l'égard des partis religieux, qui veulent que la religion domine toute l'éducation de l'enfant, mais aussi à l'égard de tous autres partis qui n'admettent pas les idées de la majorité.

« Car il y a aussi des préjugés sociaux, des mensonges con» ventionnels et, comme socialiste, je ne puis admettre que mes » enfants soient élevés au milieu de ces préjugés sociaux ». (*Id.*)

C'est donc dans l'intérêt de leur parti et pour pouvoir propager librement leurs idées, que les socialistes hollandais par l'organe de leur chef le plus autorisé, Domela Nieuwenhuys, réclament l'école libre. Sous la législation actuelle, malgré le nombre effrayant d'instituteurs officiels socialistes, — Domela Nieuwenhuys estime que 75 p. c. des instituteurs officiels d'Amsterdam sont ralliés à son parti —, leurs idées sont absolument bannies de l'école.

Voici comment le grand socialiste hollandais expose son système :

« Il me semble, dit-il, qu'une solution est possible de la manière suivante : L'Etat décrète l'instruction obligatoire pour les enfants. L'Etat dit : Je veux que tous les citoyens soient instruits, car les hommes non instruits sont plus tard un détriment pour l'État. Mais la façon dont l'enseignement sera donné n'est pas de son domaine.

L'État paie les frais de l'enseignement. On établit le nombre d'enfants qui fréquentent l'école : on évalue les frais pour les écoles et on dit : chaque disciple coûte autant. Eh bien, cette somme sera divisée entre les diverses écoles.

Cette question n'est pas difficile à résoudre et cette solution est acceptable pour tous, parce qu'elle respecte les idées de chacun. Pas de tyrannie, même quand elle règne au nom de la liberté. La liberté tyrannique n'est pas une liberté Nous qui sommes les opprimés, nous devons être prudents et éviter d'être tyranniques à notre tour. C'est pourquoi l'école neutre ne peut être l'école de l'avenir. Au nom de la liberté, nous sommes les défenseurs de l'école libre. » (*Id.*)

Un abîme sépare le système défendu par les socialistes du système préconisé par les partis antirévolutionnaire et catholique. Ceux-ci voient dans l'école libre, dont l'enseignement est basé sur la religion, la sauvegarde de l'ordre social. Les socialistes n'y cherchent que le moyen de conduire d'une façon plus efficace leurs attaques contre la société.

BIBLIOGRAPHIE

A. Documents officiels.

Verslag der handelingen van de Tweede Kamer der Staten-Generaal, 1888-1889. (*Annales parlementaires*).

Bijlagen tot de handelingen van de Tweede Kamer der Staten-Generaal, 1888-1889. (*Documents*).

Staatsblad, 1889-1890.

Opgave van principieele beslissingen omtrent de toepassing van art. 54bis der wet tot regeling van het lager onderwijs.

B. Ouvrages généraux sur l'enseignement primaire en Hollande.

J[hr] Mr J. de Bosch Kemper. — Geschiedenis van Nederland na 1830 met aanteekeningen en onuitgegeven stukken. *Amsterdam. E. S. Witkamp*, 1873, 5 vol.

Groen van Prinsterer. — Historische bijdrage : Hoe de onderwijswet van 1857 tot stand kwam. — *Amsterdam. Hoveker en zoon*, 1876.

J. E. Van Renesse. — Het lager onderwijs in Nederland sedert 1857. *Haarlem. De erven F. Bohn*, 1886.

A. R. Artzenius. — Handelingen over de herziening der Grondwet. — *'s Hage. Gebr. Belinfante*, 8 vol.

STEYN-PARVÉ. — Instruction primaire, secondaire et supérieure en Hollande. — *Leide. Stijhoff*, 1878.

VICTOR COUSIN. — L'Instruction publique en Hollande. — *Paris. Levrault*, 1837.

EMILE DE LAVELEYE. — L'Instruction du peuple. — *Paris. Hachette*, 1872.

C. Travaux spéciaux sur la loi de 1889.

Dr H. J. A. M. SCHAEPMAN. — De wet op het lager onderwijs met aanteekeningen. — *Utrecht. Wed. J. R. Van Rossum*, 1890.

S. BLAUPOT TEN CATE en A. MOENS. — De wet op het lager onderwijs met aanteekeningen, vierde druk (de wet van 1889), bewerkt door G. VAN MILLIGEN. — *Te Groningen, bij J. B. Wolters*, 1890.

H. J. G. HARTMAN. — Wet tot regeling van het lager onderwijs met aanteekeningen, ontleend aan de off. stukken der Staten-Generaal, aan administratieve beslissingen en aan de litteratuur onder toezicht van Mr E. L. Van Emden. — *Sneek. J. F. Van Druten*, 1890.

P. F. HUBRECHT. — Jaarboek van het onderwijs in Nederland, 1891. — *Haarlem. De erven F. Bohn*, 1891.

Wat wij willen. — Een woord tot leden en niet leden van den Bond van Nederlandsche onderwijzers door het HOOFDBESTUUR. — *J. H. Van Twisk, Amsterdam*, 1892.

D. Statistiques.

VERSLAG van den Staat der hooge-, middelbare en lagere scholen in het Koninkrijk der Nederlanden over 1889-1890; 1890-1891; 1891-1892; 1892-1893. — *'S Gravenhage. Ter algemeene landsdrukkerij.*

STAAT AANWIJZENDE HET VERMOEDELIJK BEDRAG DOOR HET RIJK

OVER 1894 uit te keeren aan de bijzondere lagere scholen. (*Bijlage D der memorie van toelichting*).

ZESTIENDE JAARVERSLAG VAN DE UNIE « eene school met den bijbel » tevens Jaarboekje voor het Christelijk onderwijs, 1894. — *Stoomdrukkerij D van Sijn en zoon. Rotterdam.*

Verslag der vereeniging tot bevordering van *katholiek bijzonder* onderwijs gevestigd te Haarlem over 1894.

Verslag aangaande den toestand van het lager onderwijs in de gemeente Amsterdam gedurende het jaar 1893.

EN LIBRAIRIE

GEORGES LEGRAND. *L'Impôt sur le Capital et le Revenu en Prusse*, réforme de 1891-1893, in-12 de 104 pages. Bruxelles, 1894.

ALFRED NERINCX. *Du Régime légal de l'Enseignement primaire en Angleterre*, in-8° de 272 pages. Bruxelles, 1895.

SOUS PRESSE

CHARLES GENART. *Les Syndicats industriels.*

AUGUSTE MÉLOT. *Des Impôts sur les valeurs mobilières en France.*

Des presses de J. GOEMAERE, imp. du Roi,
21, rue de la Limite, à Bruxelles.

www.ingramcontent.com/pod-product-compliance
Ingram Content Group UK Ltd.
Pitfield, Milton Keynes, MK11 3LW, UK
UKHW020226220726
13923UKWH00002B/541